U0750363

应用型院校教改前沿探索

思想方法与具体案例

梁穗东 邹 韵 杜连雄◎著

YINGYONGXING YUANXIAO JIAOGAI

QIANYAN TANSUO

SIXIANG FANGFA YU JUTI ANLI

暨南大学出版社

JINAN UNIVERSITY PRESS

中国·广州

图书在版编目（CIP）数据

应用型院校教改前沿探索：思想方法与具体案例/梁穗东，邹韵，杜连雄著. —广州：暨南大学出版社，2022.10
ISBN 978 - 7 - 5668 - 3488 - 1

Ⅰ.①应…　Ⅱ.①梁…②邹…③杜…　Ⅲ.①高等教育—教学改革—研究—中国　Ⅳ.①G649.21

中国版本图书馆 CIP 数据核字（2022）第 157616 号

应用型院校教改前沿探索——思想方法与具体案例
YINGYONGXING YUANXIAO JIAOGAI QIANYAN TANSUO——SIXIANG FANGFA YU JUTI ANLI
著　者：梁穗东　邹　韵　杜连雄

出　版　人：张晋升
责任编辑：黄　球　周玉宏　王爦丽
责任校对：刘舜怡　黄亦秋
责任印制：周一丹　郑玉婷

出版发行：暨南大学出版社（511443）
电　　话：总编室（8620）37332601
　　　　　营销部（8620）37332680　37332681　37332682　37332683
传　　真：（8620）37332660（办公室）　37332684（营销部）
网　　址：http：//www.jnupress.com
排　　版：广州市天河星辰文化发展部照排中心
印　　刷：佛山市浩文彩色印刷有限公司
开　　本：787mm×1092mm　1/16
印　　张：11.25
字　　数：225 千
版　　次：2022 年 10 月第 1 版
印　　次：2022 年 10 月第 1 次
定　　价：42.80 元

（暨大版图书如有印装质量问题，请与出版社总编室联系调换）

前　言

　　"十年树木，百年树人"，将莘莘学子培养成国家英才是一件长期而艰巨的事。因此，关于教育的问题总能引起社会各个阶层的关注。教育这一伟大的事业不仅关系着教育从业者个人的成长，也关系着众多家庭的福祉，甚至还关乎中华民族复兴的伟大事业。

　　"记问之学，不足以为人师"，终身学习是时代的趋势。作为人民教师更应该不断地进修，通过持续的研究加深对授课知识的理解。本书第一章介绍如何进行学术研究，以及如何让自己的研究成果更容易被核心期刊收录。

　　"学然后知不足，教然后知困"，老师在教书育人的过程中应辩证看待教与学之间的关系，学与教是相互促进的，学生通过老师的授课获得知识，而老师通过教授学生的过程促进自身的成长，也就是"教学相长"。第二章介绍学生和老师如何一起做好课题研究，并介绍课题申报的一些经验和技巧。

　　"教也者，长善而救其失者也"，课堂始终是教授知识的第一阵地，然而在实际的教学过程中，老师"满堂灌"的现象极为明显。作为一名人民教师，应该擅于发现学生的闪光点和激发学生的潜能。第三章详细介绍一种被实践所证明的良好教学方法——"任务式课程教学"，该教学方法融合了多种类型的教学技巧，能在很大程度上激发学生自身的学习动力，而不再被动地接受知识。

　　"以赛促学，以赛促练，以赛促干"，胜负心人皆有之。若能正确利用人性这一特点，将其应用在教学的过程中，能够极大程度地促进学生"学、练、干"。老师也能够从比赛中激发自身的教学潜能。第四章详细介绍高职教育三大类经典比赛（学生专业技能比赛、学生创新创业比赛和教师教学能力比赛）的经验之道，帮助师生更好地运用比赛实现知识学习和职业发展。

　　"纸上得来终觉浅，绝知此事要躬行"，怎样让学生所学的知识更有效地回报、服务社会是一个重要的课题，校企合作是理论结合实践的重要举措之一。第五章详细介绍大学生校外实践教学基地的建设经验和经典案例。此外，专科教育的 1 + X 证书也是职业教育探索理论联系实践的一个试验田，本章也予以详细介绍。

　　"投我以木桃，报之以琼瑶"，特别感谢广州番禺职业技术学院财经学院院长、国家"万人计划"教学名师杨则文教授为本专著出版提供经费支持，感谢笔者所参与的广东省哲学社会科学规划课题（GD21CYJ31）和广东省教育科学规划课题（2021GXJK540）的资助。

　　本专著由笔者主要撰写及统稿，邹韵老师为以赛促学和校外实践教学基地内容的撰写作出不少贡献，杜连雄博士提供了写作建议，曾卉教学团队、胡子瑜教学团队、窦凯教学团队等提供了别具特色的示范案例，展现出自身对教学实践的深刻理解。

　　"善歌者使人继其声，善教者使人继其志"，高水平的学生离不开高素质老师的悉心培养。本书适合从事高校本科或高职教育的教育从业者作培训进修之用，书中观点仅为抛砖引玉，笔者谨以此书与各位教育从业者在教育事业中砥砺前行。

梁穗东

2022 年 1 月

目　录
C O N T E N T S

前　言　　　　　　　　　　　　　　　　　　　　　　　　　　1

1　教而不研则浅——如何发表核心期刊论文

1.1　必不可少的科研前期工作　　　　　　　　　　　　　　　1
　　1.1.1　培养自己的"关注领域"　　　　　　　　　　　　1
　　1.1.2　论文选题的诀窍："外部检验 1.0"　　　　　　　3
　　1.1.3　参考文献三标准：权威、新近、多元　　　　　　11
　　1.1.4　阅读参考文献的正确顺序　　　　　　　　　　　12

1.2　期刊论文各部分的写作建议　　　　　　　　　　　　　13
　　1.2.1　题目的拟定：规范、新颖　　　　　　　　　　　13
　　1.2.2　关键词的选取：相关、高频、学术化　　　　　　14
　　1.2.3　正文的写作　　　　　　　　　　　　　　　　　15

2　以研促教——与学生一起做好课题研究

2.1　课题申报的前期准备工作　　　　　　　　　　　　　　24
　　2.1.1　课题选题的诀窍："外部检验 2.0"　　　　　　24
　　2.1.2　科学拟定课题名称　　　　　　　　　　　　　　28
　　2.1.3　通过学术会议等进入所在学科的学术圈子　　　　33

2.2　课题申报书各部分的写作建议　　　　　　　　　　　　34
　　2.2.1　选题依据（上）：学术史梳理的写作建议　　　　34
　　2.2.2　选题依据（下）：学术价值和应用价值的写作建议　36
　　2.2.3　研究内容的写作建议　　　　　　　　　　　　　37
　　2.2.4　再谈课题的"创新之处"　　　　　　　　　　　43
　　2.2.5　预期成果的写作建议　　　　　　　　　　　　　44
　　2.2.6　研究基础的写作建议　　　　　　　　　　　　　45

2.2.7　非主体内容的写作建议　　　　　　　　　　　　　49

3 任务式课程教学——从此告别"满堂灌"

3.1　开始关心课堂　　　　　　　　　　　　　　　　55
　3.1.1　现实课堂上的难点　　　　　　　　　　　　55
　3.1.2　如何解决"授课之难"　　　　　　　　　　　56

3.2　任务式教学的实施：设计学习任务　　　　　　　58
　3.2.1　如何设计学习任务　　　　　　　　　　　　58
　3.2.2　学习任务的设计案例赏析　　　　　　　　　59

3.3　任务式教学的具体实施步骤　　　　　　　　　　63
　3.3.1　分析学习任务和教学对象　　　　　　　　　63
　3.3.2　确定学习目标　　　　　　　　　　　　　　65
　3.3.3　准备教学资源　　　　　　　　　　　　　　67
　3.3.4　了解教学活动的类型　　　　　　　　　　　68
　3.3.5　设计教学活动　　　　　　　　　　　　　　77
　3.3.6　设计课后作业（学习评价）　　　　　　　　78
　3.3.7　进行课后反思　　　　　　　　　　　　　　81

4 以赛促学——让学生爱上学习

4.1　学生专业技能比赛　　　　　　　　　　　　　　83
　4.1.1　选拔学生的"三个维度"　　　　　　　　　　84
　4.1.2　指导老师的"四个角色"　　　　　　　　　　87
　4.1.3　比赛期间的管控与服务　　　　　　　　　　93

4.2　学生创新创业比赛　　　　　　　　　　　　　　98
　4.2.1　破局之始：赛道与项目　　　　　　　　　　99
　4.2.2　成功之源：团队成员　　　　　　　　　　　102
　4.2.3　核心之件：商业计划书　　　　　　　　　　104
　4.2.4　排位之战：路演与答辩　　　　　　　　　　110

4.3　教师教学能力比赛　　　　　　　　　　　　　　　　　115

　4.3.1　教学设计：对课程的全面解析　　　　　　　　　116

　4.3.2　现场教学：教师魅力的综合体现　　　　　　　　123

　4.3.3　"以赛促教"和"以赛促学"　　　　　　　　　127

5　校企合作——让 "知行合一" 不再困难

5.1　1＋X 证书与学分银行　　　　　　　　　　　　　　　130

　5.1.1　1＋X 证书试点的申报　　　　　　　　　　　　130

　5.1.2　1＋X 证书的培训管理　　　　　　　　　　　　136

　5.1.3　1＋X 证书考试与学分银行管理　　　　　　　　140

5.2　校外实践教学基地　　　　　　　　　　　　　　　　　145

　5.2.1　如何建好校外实践教学基地　　　　　　　　　　146

　5.2.2　校外实践教学基地的验收与后续发展　　　　　　154

　5.2.3　基地建设优秀案例分享　　　　　　　　　　　　156

6　结语与展望

6.1　结　语　　　　　　　　　　　　　　　　　　　　　164

6.2　回顾与展望　　　　　　　　　　　　　　　　　　　165

参考文献　　　　　　　　　　　　　　　　　　　　　　　167

1

教而不研则浅
——如何发表核心期刊论文

1.1 必不可少的科研前期工作

1.1.1 培养自己的"关注领域"

　　论文的选题向来被导师予以高度的重视。但是怎样的选题才是一个好的选题，怎样才能够确保该选题被核心期刊看上？对选题的认识，是随着科研水平的提高，慢慢才会形成的感觉。很多读者估计也和笔者一样，喜欢围绕社会热点进行写作；或者看到令自己有一点心动的文章，有了一些写作的灵感，然后就开始写作。这种非系统化的选题思路并不能够成为"大器"，却是每一个成长中的学者都会经历的过程。

　　一篇论文是否能够被核心期刊收入、能被何种级别的核心期刊收录，当中最为关键的就是选题。从这一意义上来说，选题决定了论文最后的"命运"。

　　如果不能够解决论文选题这一关键的问题，把选题方向给捋清楚，哪怕文笔再好，其实也很难被核心期刊收录。笔者认为平时应该做到如下两点，才能够为日后确定论文选题做好准备。

　　第一，培养喜欢深度阅读的好习惯。

　　互联网和短视频的兴起，让"快餐文化"变得日益流行，造成现在的年轻人越来越不喜欢阅读大段文字，而是喜欢看视频，喜欢一些短而小的文章。这一阅读习惯对于学术型的论文写作是极为不利的。毕竟学术型的论文要就某一个问

题进行深入的讨论，无法与短视频和互联
网文章的写作风格相适应。因此，要想成
为学者或者学术型的老师，必须沉下心来
养成喜欢深度阅读的习惯。

第二，在阅读的过程中必须掌握泛读
和精读相结合的阅读方法。

所谓泛读，本质上就是要对学术界的
整体研究概况有一个快速的把握，在整个
研究现状里找到自己擅长或感兴趣的研究
细节。而精读就是要追求精细和精准的阅
读，锁定具体的研究对象，就过往的研究

关注领域（泛读）

细分领域/兴趣点（精读）

图 1.1　泛读和精读的"T 形结构"

方法查阅竟有何纰漏或值得改进的地方，从而为将来准备写作的选题找到具体
的突破口。

泛读和精读可以采取"T 形结构"（如图 1.1 所示），对于自己长期关注的研
究领域，应该进行泛读，而对于自己感兴趣的研究方法或需要深入研究的细分领
域应该采用精读。

显然，通过泛读能增强我们平时的知识储备，扩大自己的学术视野，而精读
实际上是为纵向的深入思考进行精确定位。

那关注领域是怎样形成的？很可能是从你求学生涯的开端，你的关注领域就
已经一定程度上形成了。然后再经历硕士和博士阶段的学习，让你的关注领域逐
渐确定。当然这是最好的路径。也就是说从你求学生涯开始一直到研究生阶段，
一直都维持相同的关注领域。所以学术做得最好的应该是从本科阶段就已经开始
关注自己所在专业的学术前沿、所在领域的研究热点，如果在本科阶段就已经有
这种意识和习惯，能让你的关注领域聚焦，而且也容易写出比较高质量的论文。优
秀的本硕博连读的学生，在本科阶段就已经确定了自己研究的方向，撰写了关注领
域的学位论文。然后又在这个基础上进行研究生的学习，形成硕士学位论文乃至博
士学位论文。

不过并不是所有人一开始就有这么理想的学业规划。绝大部分的学生一开始
都是懵懵懂懂，然后有可能到博士阶段才形成一定的关注领域。这个时候你可以
从另外一个角度形成自己的关注领域——你做过的科研项目。在做科研项目的过
程中，也许你参与了调研，也许你参与了数据统计的一些工作……然后你结合具
体的项目，觉得这些调研工作或数据统计工作具有一定的意义，同时也符合自己
的兴趣点，那你完全可以就这些科研项目进行展开，从而形成自己的关注领域。

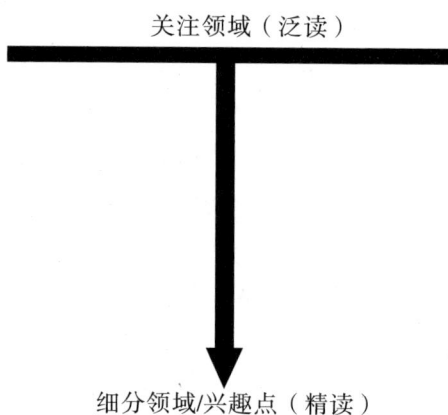

1.1.2 论文选题的诀窍："外部检验1.0"

当我们养成泛读和精读相结合的阅读方式，经过长时间的积累，相信会有一些写作的灵感。那是否应该立刻就拟定的选题进行写作？非也。在确定了论文选题以后，还要进行文献数据库检索的工作，也就是让自己的选题回到文献数据库，看看以往发表的学术成果，进行外部检验。然后就外部检验的结果进行判断，看该选题是否值得跟进。这可以极大程度上减少写作的盲目性，避免前文所说的文笔不错但所写的论文始终未能被核心期刊收录的局面。

那外部检验工作应该怎样进行呢？首先我们应该就自己拟定的选题提取关键词，然后将关键词放入文献数据库（国内主要是中国知网）进行检索。这个操作最重要的是提取准确的关键词，所选取的关键词应该是本论文最重要的部分，能高度概括本文或具有不可替代性。

下面以两个具体的案例说明外部检验工作是怎样进行的。

比如，经过广泛阅读和精细阅读，某人打算写一篇文章，自拟选题为"银行信贷中坏账率计算方法的改进策略"。显然本选题关键词为银行信贷，属于对银行信贷这一宏观领域下的某一细分方法的深入讨论。

那该选题被核心期刊收录的可能性有多大？这就要进行外部检验。进入中国知网，然后点击"高级检索"。中国知网的高级检索框提供了多种可选字段的检索，包括作者姓名、作者单位、篇名、关键词等。此时应选择"篇名"，然后字段要求精确查找而非模糊。此外在检索框的下端可勾选检索内容的类别，如学术期刊、学位论文、会议、报纸等。此时，应选择学术期刊，最后点击"检索"按钮。

上述检索主要是想查看在中国知网中以"银行信贷"作为关键词发表的学术论文究竟有哪些。由于我们聚焦的是学术期刊（希望所写论文能发表在核心期刊），因此应将学位论文、报纸等非学术期刊的检索结果给排除掉。检索结果如图1.2所示：

图 1.2　中国知网检索界面（以"银行信贷"为关键词）

此时我们应留意检索界面左侧的统计分析结果，而非右侧具体期刊论文的内容。因为左侧统计分析的特征，可以帮助我们判断该选题发表在核心期刊的概率大小。中国知网有一个很形象的统计分析功能，即"可视化按钮"（图形类似手机的信号强度图标），通过数字及其可视化图表，能够让我们直观地知道自己拟定的选题发表在核心期刊的概率有多大。具体如图 1.3 所示。

根据中国知网提供的检索结果，可以粗略判断"银行信贷中坏账率计算方法的改进策略"发表在核心期刊的概率较小。因为在中国知网数据库中，以该关键词发表在核心期刊的论文有 1 657 篇，但被中文社会科学引文索引 CSSCI（南大核心期刊）收录的仅为 695 篇，收录概率仅为 41.94%（见图 1.4）。这表明要在银行信贷领域写好论文，并成功发表在南大核心期刊，从数据上看难度是非常高的，因为收录的概率不足 50%。除非你能提供一个全新的研究方法或提出一个全新的分析框架，同时获得外部评委的认可，否则要成功发表在南大核心期刊机会比较小。

图 1.3　中国知网"可视化按钮"的利用

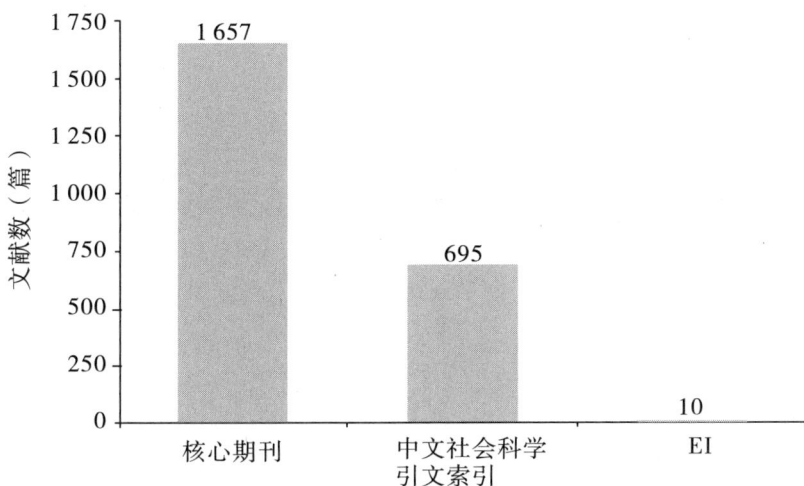

图1.4 根据中国知网提供的检索结果（以"银行信贷"为关键词）计算核心期刊收录概率

除了"来源类别"值得进行分析以外，中国知网还提供了其他值得分析的维度。事实上，中国知网提供了多个分析维度，包括学科、发表年度、基金、研究层次、作者以及所属机构等。可以尝试通过点击不同的分析维度，了解自己拟定的选题在所研究领域的详细信息。比如所拟定的选题在哪个学科发表得比较多，在哪一年发表的论文比较多，往往可以获得哪些基金支持，研究的层次一般处于怎样的水平，作者是谁、一般会来自哪个机构……这些信息对我们评估所拟定的选题都是有帮助的。

笔者认为，除了来源类别以外，论文发表年度的情况也值得研究。毕竟论文有一定的时效性，如果近几年发表的相关论文比较少，那么该选题成功被核心期刊录用的概率也会比较小。就本选题"银行信贷"而言，从发表年度分布的角度来看，成功被核心期刊收录的概率也是比较低的。如图1.5所示，从2014年到2021年这8年期间，围绕"银行信贷"这一选题发表的论文数量逐渐减少，呈现出明显的下降趋势。因此，可以预见，再次以"银行信贷"为选题的论文，能够被核心期刊收录的概率也不会高。

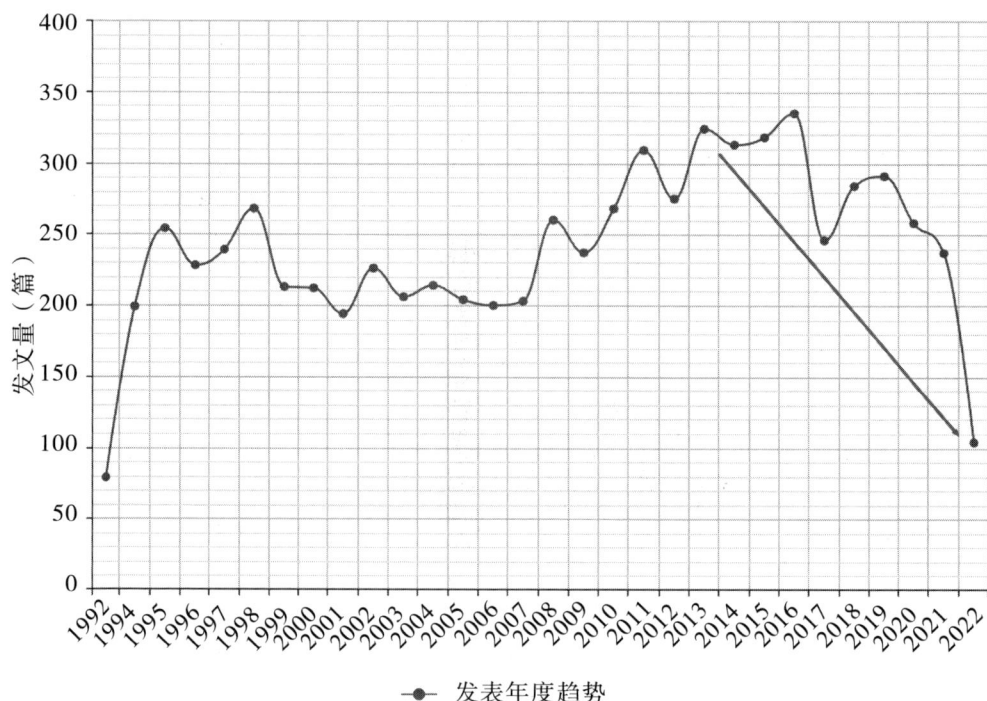

图 1.5　根据中国知网检索结果评估发表年度趋势（以"银行信贷"为关键词）

　　不过如果对自己所选的研究角度很有信心，或者对此选题有特殊的情感偏好，执意要以"银行信贷"为选题，中国知网也可以提供一些帮助，那就是从"期刊分布"的角度判断该类论文投稿在哪家期刊最为合适。如图 1.6 所示，以"银行信贷"为主题发表的论文主要集中在 4 家核心期刊，分别是《金融研究》《经济研究》《管理世界》和《财经研究》。这 4 家核心期刊已经收录了一半以上以"银行信贷"为选题的论文，换而言之，如果你投稿到这 4 家期刊都不被录用，那你投其他期刊被成功录用的可能性也比较低。中国知网为我们提供了 20 家核心期刊，这些期刊都收录过以"银行信贷"为选题的论文。如果你不死心，你还可以投剩余的 16 家期刊。当然，如果投这 20 家期刊都不被收录，那么你应该放弃以"银行信贷"为选题的这篇论文，而不必浪费时间再投别的期刊。

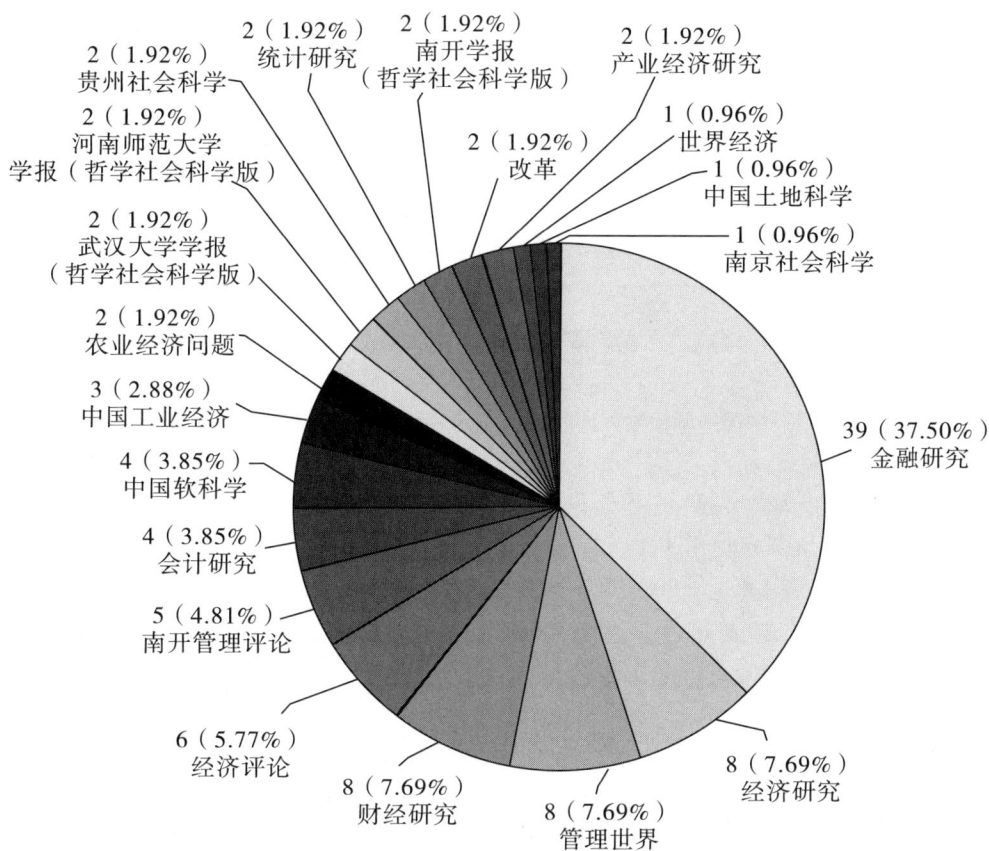

图 1.6 中国知网展示以"银行信贷"为选题的 20 家核心期刊

  上述是以一个反例来论证某个拟定的选题被核心期刊收入的可能性比较小，下面以另外一个选题从正面论证哪种选题被核心期刊收录的可能性比较大。比如拟定的选题是"数字经济对我国制造业促进效率的分析"，显然该选题关键词之一是"数字经济"，我们以该关键词进行检索，检索界面如图 1.7 所示。在该检索界面中已经用方框标记出检索时需要特别注意的部分，即"来源类别"不要勾选"全部期刊"，因为我们的目标是所撰写的论文被核心期刊收录，而非一般性期刊。

图 1.7　中国知网检索界面展示以"数字经济"为关键词的核心期刊

显然，以"数字经济"为主题的论文被核心期刊收录的概率比较高，中国知网中核心期刊就收录了 1 497 篇，其中被中文社会科学引文索引 CSSCI（南大核心期刊）收入的高达 1 207 篇（见图 1.8），换而言之被南大核心期刊收录的概率高达 80.63%，读者此时应能明显感觉到，以"银行信贷"还是以"数字经济"作为论文选题哪个更值得投放精力。

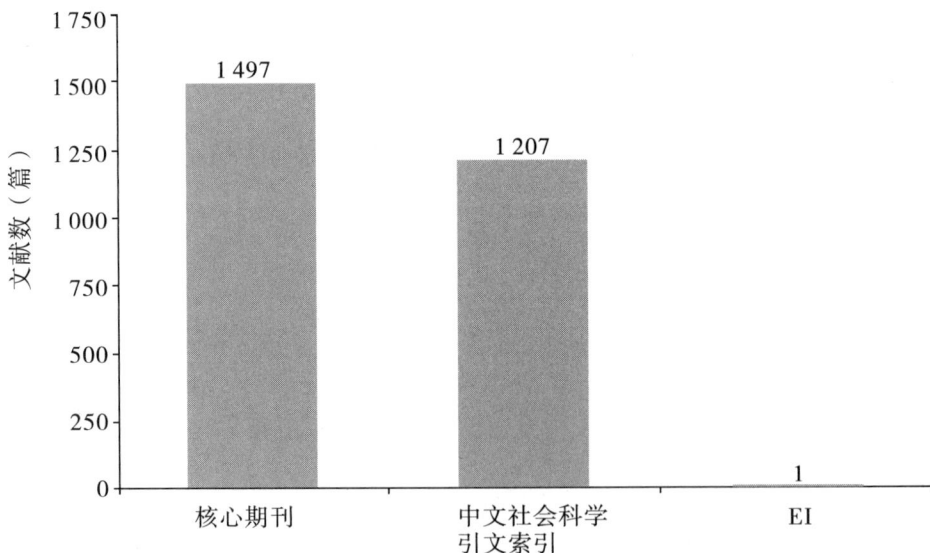

图 1.8　根据中国知网提供的检索结果（以"数字经济"为关键词）计算核心期刊收录概率

从发表年度分布的角度看也再次印证了以"数字经济"为选题被收录的概率很高，如图 1.9 所示，自 2016 年开始，以"数字经济"为选题的核心期刊论文呈现出爆发性的增长。从发表趋势来看，该选题属于论文发表能被核心期刊持续收录的阶段。读者此时也可权衡，如果将有限的精力放在这一条持续增长的趋势线中，会否是更好的选择？从这一意义来说，实际上我们搞学术研究，一定程度上要求我们做一个"顺势而为"之人。如果你的选题在"学术风口"之上，那也往往意味着你所写的论文更容易被核心期刊收录，由于有更多的论文被核心期刊收录，当中的 1～2 篇就很有可能被权威学术期刊收录。此外你所写的论文被四大中文社科转载期刊（人大复印、新华文摘、中国社科文摘、高等学校文科学术文摘）收录的可能性也会同步提高，从而形成良性循环，让自己的学术影响力不断提升。

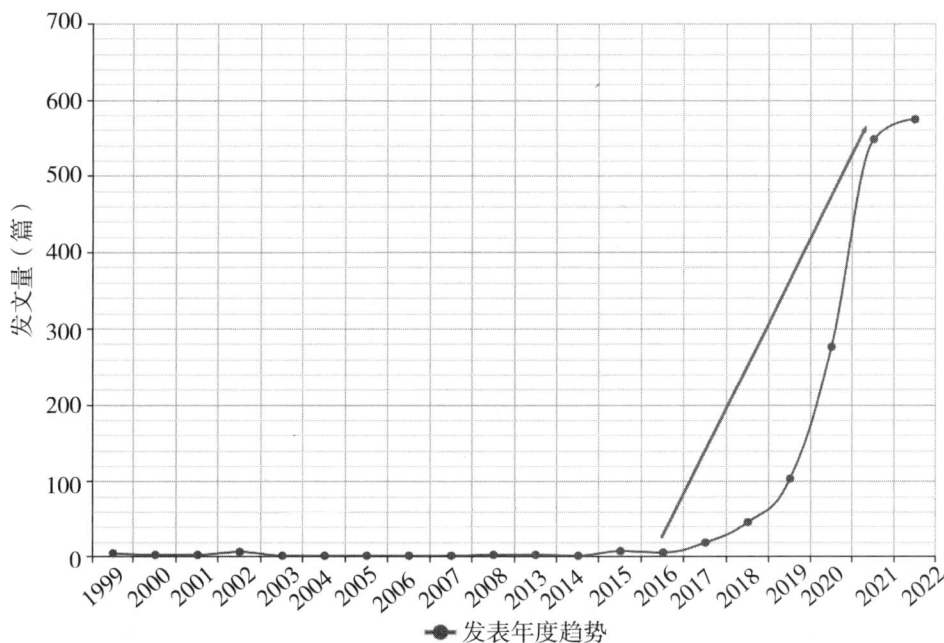

图 1.9 根据中国知网检索结果评估发表年度趋势（以"数字经济"为关键词）

如前述举例以"数字经济"作为选题的论文可投的 20 家核心期刊，中国知网以饼形图的方式予以呈现，见图 1.10。跟"银行信贷"选题的论文不太一样，如图可以看出以"数字经济"为选题的论文期刊收录占比较为平均，这表明各核心期刊均喜欢以"数字经济"作为选题的论文，更能说明"数字经济"是当前各核心期刊的"共同爱好"。不像"银行信贷"选题的论文只是《金融研究》《经济研究》《管理世界》和《财经研究》4 家核心期刊的"私人偏好"。

从这一角度来看，作为有准备之人，当你所写论文还没动笔，仍处于拟定选题的阶段，就要知道打算投哪些核心期刊，从而做到心里有数，所撰写的论文格式要求等也和拟投的期刊相匹配。而初学者往往是写好论文以后再盲目投稿，这很大程度上显示出懂方法和不懂方法的年轻学者在投稿技巧上的水平差距。

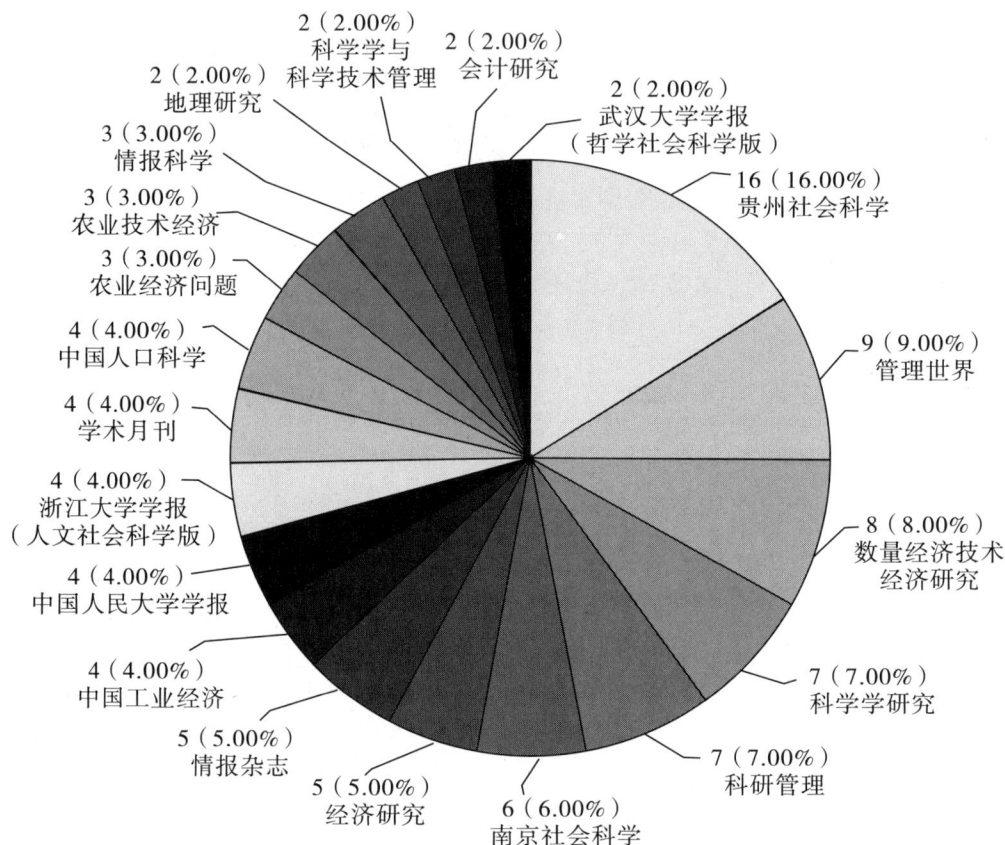

图 1.10　中国知网展示以"数字经济"为选题的 20 家核心期刊

　　从上述可知，选题的外部检验工作对我们评估所拟定的选题的价值很有帮助。通过外部检验，我们可以知道拟定的选题是否容易发表，可发表在哪一家期刊，以及在做文献综述时应该选择哪些期刊。在进行外部检验时，已经有一个通盘的考虑和权衡。当然，不同学科之间也许情况不太一样，比如文科更侧重的是研究角度的选取，而理工科有可能更加强调的是方法和技术层面的创新。不过笔者还是想强调学术文献检索功能必须予以充分的应用，不管你是文科类还是理工科类的学者。毕竟，不管是哪一个学科的学者，学术文献检索在课题申报、精准查找文献以及写作中都是非常重要的。

　　作为一个经济学的研究爱好者，笔者有深刻的领会：如果你所研究的选题处于学术的前沿，就算你的论文写作水平一般，也已经在核心期刊论文写作中成功了一半。如果一篇论文的工作量是 100%，则找到一个合心的选题并且该选题通过"外部检验"的工作量应占50%，这就是所谓的"题好一半文"。因此我们不应追求快速写好一篇论文，而是应该先花时间和精力琢磨正确的选题，前期投入的精力越多，实际上后期越节省精力。

参考文献三标准：权威、新近、多元

从一篇学术论文的内容顺序来看，参考文献是出现在最后，但是从重要性的角度来看，参考文献却是不可忽视的。一方面，从前文选题的"外部检验"工作可以知道文献检索的重要性；另一方面，如果你写作论文里的参考文献都是出自一般期刊，外审专家也很难相信你所写出的论文具有高质量。因此，笔者认为参考文献应该符合三个标准。

首先，参考文献应该是权威的。

怎样定义权威呢？站在社会科学而言，如果你的选题所聚焦的研究领域有成果发表在《中国社会科学》《经济研究》等国内知名的权威期刊，比如说政治学研究领域，你当前的选题领域过去有相关论文发表在《政治学研究》，这种情况下你将这些参考文献写入你的论文，可视为你的参考文献是权威的。

除此以外，被引频次和下载量都是评价一篇参考文献是否权威的重要指标。仍以前文的选题"数字经济"为例，具体如图1.11所示：通过表头"被引"从大到小排序，可看到关于数字经济的权威参考文献有如下几篇，如《经济研究》刊载的《数字经济、普惠金融与包容性增长》、《经济学家》刊载的《数字经济促进经济高质量发展：一个理论分析框架》等。一般而言，如果所参考的文献被引用的频率越高，它的学术价值也越高，因此，我们在列举参考文献时，应该尽量引用类似的高被引频率的论文。

	篇名	作者	刊名	发表时间	被引	下载	操作
1	数字经济、普惠金融与包容性增长	张勋; 万广华; 张佳佳; 何宗樾	经济研究	2019-08-20 13:15	939	72317	
2	数字经济、创业活跃度与高质量发展——来自中国城市的经验证据	赵涛; 张智; 梁上坤	管理世界	2020-10-05	405	60296	
3	数字经济促进经济高质量发展：一个理论分析框架	荆文君; 孙宝文	经济学家	2019-02-05	336	31765	
4	数字经济的政治经济学分析	裴长洪; 倪江飞; 李越	财贸经济	2018-09-15	288	16856	

图1.11 中国知网展示高被引频率的论文（以"数字经济"为关键词）

其次，参考文献应该是新近的。

通过前文的文献检索工作，可以发现论文具有较高的时效性。如果论文选题过于陈旧，那么近几年发表在核心期刊的论文数量也会相对较少。因此，参考文献应该是近几年的，起码以近几年的参考文献作为主体。如果你所列的参考文献都是 10 年以前的居多，专家可能会觉得你所研究的领域并非当前的热门领域或并非当前社会关心的热点问题，又或者认为由于你的参考文献过于陈旧，所以你使用的研究方法也不够先进。不管是哪一种情况，对你的论文评审意见都可能是负面的。

最后，参考文献应该是多元的。

这里面的多元应该包含了几个层面：首先是既应有中文的参考文献，也应有一些外文的参考文献，而并非全部都是中文的；其次是文献来源应是丰富的，既有期刊论文也有专著、译著等；最后是要以新近发表的居多，但对历史上公认的权威参考文献也不能忽视。做到这三个"多元"，主要是为了让评审专家认为你的论文写作时已做到集思广益，也就是你已经考虑了国内和国际的研究情况，也考虑了不同发表渠道的研究成果，同时也考虑了过去和近些年的研究情况。

另外需要强调的是，论文参考文献必须以北大核心、南大核心作为主体，如果你的参考文献是以某些学院的学报、普通期刊居多，这样是很难将你的论文发表在高级别的期刊上的。此外，参考文献的格式最好是目标期刊的文献开列形式，这样目标期刊的编辑容易对你的论文产生好感，证明你在投稿时尊重了他们的工作并严格按照要求来做，以便于他们后期的编辑加工。

1.1.4 阅读参考文献的正确顺序

当选题通过了前文所述的"外部检验"工作，并明确了参考文献应该重点参考哪些，接下来是怎样阅读浩如烟海的参考文献。即便是权威的参考文献也是相当多的，那是不是每一篇都要认真阅读？当然不是。一方面，我们没有那么多的时间和精力；另外一方面，本书聚焦的是如何以最小的时间和精力换取最大的学术产出，如果每一篇权威的参考文献都从头读到尾，这会消耗我们大量的时间，同时也不符合本书的主旨。

应该怎样省时省力地正确阅读一篇学术论文呢？

推荐的顺序：题目（关键词）→摘要→参考文献→各级标题→正文，具体如表 1.1 所示。

我们在阅读的过程中，首先，要阅读题目，当然如果配合关键词会更好。这样做的主要目的是搞清楚该论文的研究对象和研究角度。其次，我们要看摘要。

读摘要的主要目的是知道这篇论文主要的观点是什么，该观点是否新颖，对我们所写的论文会不会有一定的启发和帮助。然后再看参考文献。参考文献最重要的是结合多篇论文来看，找出多篇论文共同引用的那篇参考文献（共引文献），这篇参考文献往往是最重要的，共引文献证明被多篇论文反复引用，具备较高的延伸阅读价值。了解它是怎样产生多篇核心期刊的，为什么多篇核心期刊都可以从共引文献中再次发表出核心期刊论文，也许你就可以从该共引文献中获得同样的启发。接下来就是阅读论文的各级标题，阅读完各级标题，基本上论文的行文框架已经浮出水面。剩下的才是正文，如果有必要才去看。正文在整篇论文里面占的字数是最多的，而在阅读的过程中恰恰应该花最少的精力，因为我们不可能根据正文重新再写一篇类似的文章，期望相同的内容再次发表在核心期刊。

表 1.1　学术论文的科学阅读顺序与阅读目标

阅读顺序	阅读目标
题目（关键词）	找出研究对象和研究角度
摘要	找出核心观点以及该观点是否有启发
参考文献	找出共引文献和其他核心期刊论文的关系
各级标题	从各级标题找出全文的框架
正文（非必要）	找出具体的研究细节

1.2　期刊论文各部分的写作建议

通过前文的介绍，读者已经掌握了如何通过正确的阅读为平时的科研积累做好准备。准备之后，就到怎样撰写论文。毕竟再多的准备，到最后也要落实到具体的写作上。一篇结构化的论文应该有如下几个必不可少的部分：题目、关键词、正文和参考文献。参考文献的选择标准前文已经介绍过，在这里不再赘述。接下来，本章会就剩下的几个部分给出相应的写作建议。

1.2.1　题目的拟定：规范、新颖

一个合格的题目是一篇论文的关键，那怎样的题目才是合格的呢？

（1）合格题目的底线：规范。

这是最为基础的标准，也是最起码的底线要求。有些论文的题目超过了 20 个汉字，这显然就是违反了最基本的要求，题目必须精练概括你的论文，过多的字数是不允许的。如果觉得 20 个字的标题不足以概括你的论文，可以在此基础上添加副标题。但不管怎样，必须让读者能通过题目弄清楚你论文的研究对象和研究角度。

（2）合格题目的加分项：新颖。

如果你的论文题目在规定字数之内，能够对论文内容和研究对象予以高度的概括，那起码是一个合格的题目。但是合格只是最基本的追求，为了让论文能发表在核心期刊上，题目最好有一定的新颖性，就是在满足学术规范的要求下，让读者能够有一定的阅读兴趣。

为了让读者能够更好地把握规范和新颖之间的平衡，下面以四个题目为例，让大家感受怎样的题目才是好题目。

A. 浅谈未成年人的肥胖问题

B. 未成年人小明他是怎样一个月胖 30 斤的：一个医学角度的分析

C. 未成年人肥胖原因探析——基于××市××小学作为统计样本

D. 震惊！未成年人小明一个月胖了 30 斤

以上四个题目哪个最符合学术规范？读者可以先自我判断，然后再看下文的分析。

显然首先要排除 D 选项，因为这是自媒体的题目格式，跟学术论文大相径庭。其目的是吸引读者的点击，并不符合基本的学术规范。

其次要排除 A 选项。初学者很喜欢在论文题目中用"浅谈""浅论""之我见"这样的谦辞。核心期刊的学术论文，要求你对研究对象有深入的探讨，建议尽量避免这样的谦辞，很多核心期刊在选题指引中明确禁止使用谦辞，而事实上只要你阅读权威期刊多了，你会发现谦辞在核心期刊出现的频率确实很低。

再次要排除 B 选项。一方面 B 选项违反了前面所说的 20 个汉字的限制，另外一方面从研究的规范性来说，以个体"小明"来代替整体"未成年人"进行研究得出的结论也是偏颇的。

经过排除法以后就能知道 C 选项应该是最符合学术规范的。

1.2.2　关键词的选取：相关、高频、学术化

选定论文题目以后，接下来就是关键词的选取，一般期刊论文要提供 3～4

个关键词。怎样选取正确的关键词，本节探讨给出如下几个技巧：

首先，关键词应与论文高度相关，这是起码的要求。

试想如果关键词与你的论文并不相关，或者相关性很弱，那造成的结果只有两个：要不就是将来读者通过关键词检索论文时找不到你的论文，自然也就无法引用你的研究成果从而扩大你的学术影响力；要不就是检索者通过关键词检索出你的论文时，发现你的论文内容与关键词并不相关，这会让读者对你的论文以及录用你论文的期刊感到不满，因为关键词和论文内容并不相关说明你连最起码的学术规范都不懂，从而怀疑你的论文质量。

其次，关键词应该高频地出现在论文中。

关键词频繁出现在你的论文中，说明此关键词是你研究的核心问题，它可以是你的研究对象，也可以是你在此论文中反复提及的研究角度。但不管是哪一种情况，将高频词纳入关键词，起码可以使读者对论文反复提及的概念予以重视。

最后，关键词最好有一定的学术性（使用专有名词）。这并不是一个强制的学术要求，但是如果一篇论文的关键词全都是日常用到的普通词汇，并没有任何专业化的词汇，读者容易猜测论文的作者可能达不到专业化的水准，以至于他的论文关键词全无专有名词，进而推断论文的作者并非高度专业的研究学者。为了避免这种不利的学术猜测，建议还是使用 1~2 个专业词汇作为论文的关键词，这往往是你使用的一些专业的研究方法所形成的学术化词汇。

1.2.3 正文的写作

1.2.3.1 正文的两种通用行文方式

虽然一篇学术论文的主体是它的正文，但是从论文的各个组成部分看，最不重要的可能是正文部分。这个观点看上去有点不可思议，不过回忆我们搜索论文的时候，也就是进行写作前学术创新性检查的时候，会发现我们会因为一个精彩的论文标题而下载论文看一看，也可能通过关键词去检索一篇论文，即便下载了一篇论文，我们也是简要看一看论文的摘要，更有甚者我们更加喜欢去研究其参考文献，看一看这篇论文是怎样从众多的参考文献中衍生出来的，中间有没有值得模仿的思路，却很少会因为这篇学术论文的正文写得好而去仔细加以阅读。因此，如果要提高自己的学术影响力，必须首先从上述的几个方面（标题、关键词、摘要和参考文献）下功夫，而不是从论文正文论述的过程下功夫，毕竟它是最后才引起读者注意的部分。

话说回来，正文是论文的主体部分，我们不会因为它显得并不重要，而只是写论文的标题、关键词、摘要和参考文献。因此，论文的正文还是比较重要的，毕竟论文其他部分的内容都是从正文里面提炼出来的。如果没有论文正文环环相扣的论述过程，那么也不会存在摘要、题目等相关其他部分的内容。因此，从通用论述的角度，本节介绍两种比较常用的行文方式。所谓行文方式，就是在书写论文的过程中，常用的内容展开的结构。

首先，最常用的要数"三段体"的行文结构。

"三段体"只是笔者的一个精练的概括，即你所阐释的内容要包括如下三个部分：提出问题→分析问题→解决问题，这种行文方式最常用在本科毕业论文中。在论文开始的时候先提出问题，并阐述这个问题是怎样被提出的，有什么背景，解决这个问题有什么意义。然后就要对所提出的问题进行分析，这里面既可以包含现象级的分析，也可以逐渐深入问题的本质进行剖析。这一部分是文章主体的内容框架，运用的手段也是多种多样，比如文科类比较常用的就是调查问卷，理工科类更加常用的就是实验。对问题的分析，不管使用何种手段，其最终的结果都是要找出问题产生的原因。找到问题的原因以后就是解决问题。解决问题主要行文的方式可以是提出政策性的建议，这种政策性的建议可以是宏观的，也可以是中观和微观的。事实上，不同维度的政策建议主要是对接不同的执行层：宏观的政策建议主要是对接政府高层进行制度建设，中观的政策建议主要是对接地方政府进行中央政策的贯彻，而微观的政策建议主要是对接具体办事员怎样执行落实。因此，一个好的政策建议应该包含上述三个维度的区分。

其次，就是"总—分—总"的行文结构。

这种行文结构可以贯彻在每一个自然段落，也是从基础教育就开始介绍的实用的议论文行文结构。在一个自然段落或一个整体的说明描述中，先指出自己的一类观点，然后再进行"分"部的论述，这种分层次的论述可以从不同的层面、不同的角度，对你的观点加以支撑，最后对这些分论点进行总结。不过，"总—分—总"的结构最后一步的总结不一定是需要的，而在分述的过程中又可以展开多个分论点，各自分论点又可以采取刚才说的"总—分"的行文结构。总体来说，分述的部分必然是从支撑论文的核心观点的角度来进行论述的，里面会用到各种定性和定量的论据，当中可以包含本文创新的地方，如使用了新的论据或者采用了新的论据分析方法。

当然，刚才介绍的两种行文方式，主要适合大部分的文科类的研究学者。理工科类尤其是数学类的研究学者，他们有特定的论文架构。但不管使用何种行文结构，都要求你在撰写正文的过程中提炼出基本的行文框架，然后进行刻意练习，从而让正文可以顺畅地写作。

1.2.3.2　让正文出彩的四个技巧

刚才介绍的行文方式更多是整体框架的内容安排，至于具体的文字细节，怎样才是好的文笔，显然不同的学科很难从共性的角度给出一般性的建议。毕竟文笔实在太主观了，它涉及不同的学科、不同的研究方法、不同的选题，甚至不同的价值取向。

不过，从宏观的角度可以给出以下四个写作建议：

首先，论文必须擅长直接引用，尤其是在提出问题这一部分。

在提出问题这一个写作部分，最好有一定的直接引用。这种写作策略有两个好处：一方面，直接引用必然会附带出后文的参考文献，如果后文的参考文献又刚好是权威期刊的文献，那可以间接给审稿专家一个直观的感觉，就是你所研究的论文选题或提出的问题，都已经过权威期刊的外部验证，证明你的选题是有意义的，又或者说研究方法是较为权威的，但不管是哪一种情况，对你的论文质量还是有了一定的信心；另一方面，进行直接引用时，要求用双引号将所引用的文字直接标出，这可以说明你受过学术的基础锻炼，给审稿专家一个踏踏实实写作的直观感觉。因此，适度的直接引用对于提升论文的写作水平还是有一定的好处的。

其次，论文三个部分的字数要合理控制，并非写多少就算多少。

一篇学术论文常见的字数是 8 000 ~ 12 000 字，也就是说，如果正文整体的字数少于 8 000 字，会让审稿专家觉得论证不够深入；相反，正文整体的字数如果多于 12 000 字，审稿专家也许觉得你行文过于累赘，语言上不够精练。因此，在进行正文的写作时，总体字数的控制还是重要的。

具体落实到刚才所述的"提出问题→分析问题→解决问题"，更要做好字数的规划。以全文 8 000 字为例，提出问题和解决问题各占 2 000 字为宜，分析问题 4 000 字为宜。

而这看上去类似基本功的论文结构，对于初学者来说却不容易把握。比如在刚开始写作时，提出问题的字数过多是常见的写作错误。这里面主要的原因在于提出问题时往往初学者写得比较尽兴、文思泉涌，洋洋洒洒写了三四千字，在分析问题的重点章节中却过于简化和浓缩，在解决问题的时候又匆匆收笔。显然这就是典型的"倒金字塔"论文字数的结构：提出问题的字数过多，分析问题的字数较少，解决问题的字数接近没有。这凸显了写作过程中字数规划的重要性。

再次，在分析问题的过程中，必须抛弃纯用文字进行论述的习惯。

要适度使用图表和数据呈现你的论文，图形数据等多样化的论述手段，对于提高论文水平还是有一定的促进作用的。纯文字的论述方式很容易让审稿专家觉得压抑，而且也不能形象地展现论述的内容。

最后，论文要不断地进行科学的修改。

高质量的期刊论文往往是反复修改的结果，希望一次性将论文写出来以后立刻被核心期刊录用，那是不现实的。因此，论文经过反复的修改是必要的过程。那怎样的修改才是高质量的修改？下面推荐两个基本的原则，通过科学的修改能够使正文变得更加出色。

（1）搁置原则。

当我们写完一篇论文以后，会有一种如释重负、兴奋的感觉，但此时千万不要着急将论文投出去。一方面可能你刚写的论文还不成熟，另一方面可能论文错别字和语病还比较多。若急于投稿，容易给编辑或者审稿人造成不佳的印象，不利于你的评审意见。此时最好的做法是先将论文搁置一段时间，可以是一周，甚至是一个月。在搁置期间，不去看，让自己做论文以外的事情。等到搁置期过了以后，重新审视你的论文，重新一字一句地阅读。这样的好处是你会从一个客观的角度，重新看待自己当时写的作品。你会发现一些问题，比如当初写作过程中，曾让你引以为傲的论据不够充分，曾让你感动的句子变得不再感人，甚至变得有点可笑。这主要的原因是过了搁置期以后，你的角色由主观的创作者变成了客观的审稿人。

你还会发现你的论文可能有比较多的错别字，语句不太通顺，部分的标点符号使用得也不恰当等一系列的低级错误。这个时候你会感到万幸，幸亏当初没有写完以后立刻投稿。

（2）修改以后再重投的原则。

即便你的论文写得再好，也存在不被录用的可能性，而且这种概率还是蛮高的。原因是多方面的：也许你的论文选题不在该期刊的收录范围内，或者论文未被审稿人相中。但不管是什么原因导致你的论文最终没有被录用，有一点是肯定的，即从你论文投稿后到最终不被录用，中间可能2~3个月甚至是半年的时间已经过去了。此时，你拿着还没被录用的论文，应该重新去思考一些事情：比如在此期间是否又出现了一些高相关性的研究成果，这些最新的研究成果应该加入你的论文之中；这一段时间你对这篇论文新的思考，也可以加进此论文之中……所有这些修改的工作就是为了让这篇被拒稿的论文有机会发表，而非被期刊拒稿以后，未经修改立刻改投别的期刊。

1.2.3.3 核心期刊正文的共同追求：论文的创新点

我们都知道每一篇文章都需要我们逐字逐句地写，但不同的人写作水平是有很大的区别的。如果在写作过程中不注意论文创新，就很难显著提高论文质量，这也意味着我们在后续修改论文时会有较大的工作量。

有人说"天下文章一大抄"，对于社科类学术论文而言，恐怕抄袭的痕迹更加明显。严格来说，像这样复制粘贴或"转述原文"，论文的创新价值基本是没有的，故此，不少学者也批评现在我们很多学生或老师写出来的论文大部分都是文化垃圾。毋庸置疑，这种缺乏创新点的论文难以发表在核心期刊，就算成功发表也难以给读者留下什么印象。因此在写作上，我们必须追求学术上的创新点，确保我们所写的论文有一定的创新力度。那么，论文的创新点在哪里？笔者认为可从以下三方面考虑。

第一，使用新的研究方法进行研究。

文章的形式和内容一样重要，研究方法和文章的内容同样重要。从主题到内容，我们的文章可能没有什么新内容，但如果我们采用一种新的研究方法，这本身就是一种学术提升。

下面以三篇具体的期刊文章为例解释怎样运用新的研究方法产生新的科研类论文，分别是《村民自治研究文献的统计分析——以1989—2006年CNKI篇名含"村民自治"的文献为分析对象》（2008年发表在《政治学研究》，下文简称"论文A"）、《村治研究的发展轨迹、学术贡献与动力机制——基于1998—2009年CSSCI检索论文的研究》（2011年发表在《甘肃行政学院学报》，下文简称"论文B"）、《1993—2013：城市基层党建研究文献的统计分析》（2014年发表在《理论与改革》，下文简称"论文C"）。显然，三篇论文均属高质量论文，《政治学研究》《甘肃行政学院学报》和《理论与改革》均为"双核期刊"，即同时被北大核心和南大核心收录。因此，将这些文章作为范例有一定的参考意义。论文A在2008年首先发表，该论文以1989年至2006年CNKI中篇名含"村民自治"的文献为研究对象，分析了村民自治相关研究文献的数量特征、研究者的价值取向、知识水平的信息化特征、研究案例特点，试图从文献数量和文献信息两个方面对村民自治的研究进行总结。该文采用统计学的方法和手段对文献进行抽样分析，然后得到大量的可视化内容，如直方图和饼图。然后，该文作者对这一定量描述研究进行了定性分析，以形成规范性结论。

一般而言，文献综述类的文章发表在双核期刊是较为困难的，但此篇文章采用较为新颖的方法来做文献综述，即通过分析中国知网相同主题的论文从而发现它们的统计学特征。这一方法在文献综述类的论文里较为罕见，而且也确实有效。于是2011年一篇采用相同的研究方法，但针对不同的研究内容的论文，即论文B也发表在另一家高质量期刊。论文B的研究内容由"村民自治"转为"村治研究"，村庄治理研究不仅是农村研究的重要组成部分，也是政治学、社会学等社会科学的重要领域，研究成果众多。该文通过检索CSSCI数据库，获取了1998年至2009年的840篇关键词为"居民自治"和"农村治理"的文章，从学术发展史的角度对这 840 篇文章进行定量和定性分析，得出结论——乡村治理的研究范围已经从村民自治制度扩展到乡村治理下的乡村政策和社会统筹，视角已经从国家转向乡村与国家的结合，乡村治理研究的学术贡献主要是创建一套能够解释中国乡村社会、促进中国社会科学发展的本土化概念。论文 B 同样也是一篇高质量的文献综述类论文。

论文 C 继续沿用此研究方法，但这次研究对象又由"村治研究"变为"城市基层党建"。论文 C 以《中国知识资源数据库》1993—2013 年 1 556 篇党建基础研究文献为分析样本，采用内容分析的方法，对党建基础研究文献的数量特征、研究者的特征、知识水平的信息特征和实证研究的案例特征进行了统计分析，总结出基层党建的文献特征。

从论述手法上看，三篇论文也是类似的。比如论文 A 在论述以"村民自治"作为研究主题的文献越来越多时，使用了表格和柱形图的方式（见表 1.2 和图 1.12）。

表 1.2　（论文 A）表格论证以"村民自治"作为研究主题的文献数据

年份	检索文献数量	纳入文献数量	两者之差	年份	检索文献数量	纳入文献数量	两者之差
1989	4	0	4	1999	122	109	13
1990	6	0	6	2000	158	140	18
1991	18	4	14	2001	154	143	11
1992	12	2	10	2002	185	167	18
1993	8	1	7	2003	197	183	14
1994	22	21	1	2004	181	160	21
1995	10	9	1	2005	197	190	7
1996	18	18	0	2006	234	221	13
1997	30	28	2	合计	1 610	1 443	167
1998	54	47	7				

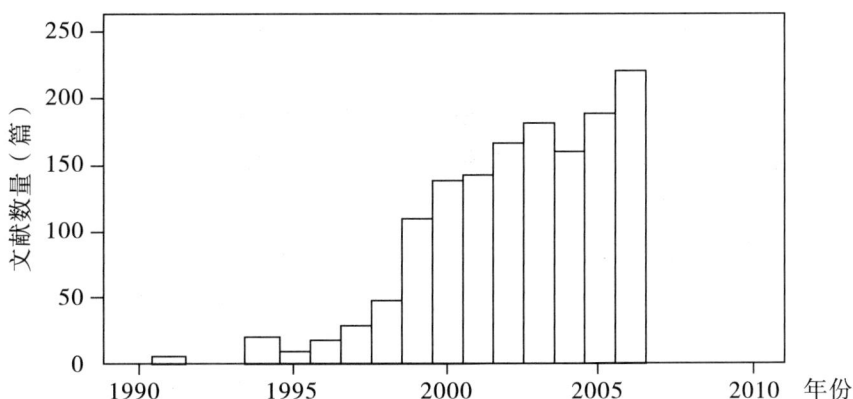

图1.12　（论文 A）图形论证以"村民自治"作为研究主题的文献数据

　　类似的论证手法也出现在论文 C，不过论证的文献研究主题不是"村民自治"而是"城市基层党建"，具体如表1.3和图1.13所示：

表1.3　（论文 C）表格论证以"城市基层党建"作为研究主题的文献数据

年份	检索文献数量	纳入文献数量	两者之差	年份	检索文献数量	纳入文献数量	两者之差
1993	1	1	0	2004	101	98	3
1994	0	0	0	2005	110	108	2
1995	1	1	0	2006	89	79	10
1996	0	0	0	2007	133	124	9
1997	2	2	0	2008	110	100	10
1998	6	6	0	2009	126	121	5
1999	13	13	0	2010	160	147	13
2000	42	39	3	2011	181	165	16
2001	85	82	3	2012	204	184	20
2002	78	76	2	2013	142	122	20
2003	92	88	4	合计	1 676	1 556	120

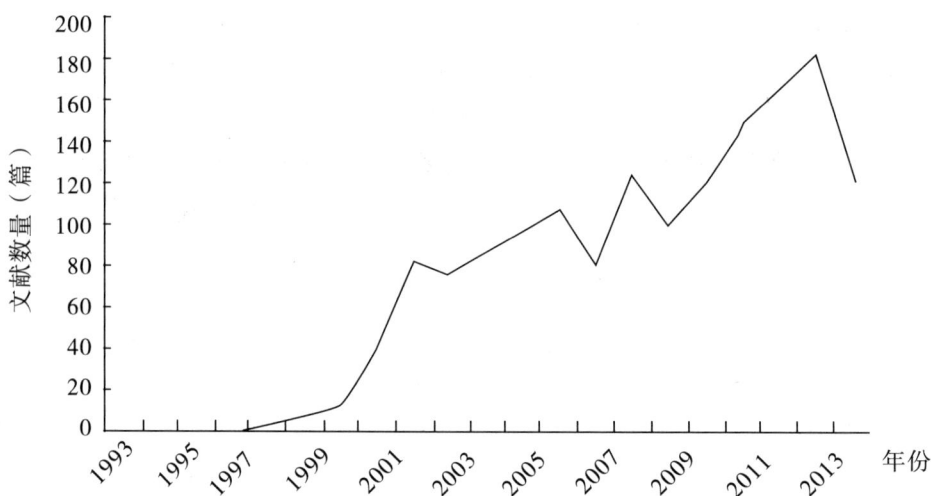

图 1.13　（论文 C）图形论证以"城市基层党建"作为研究主题的文献数据

类似的手法在论文 B 中也有所体现，只是论文 B 除了以村民自治作为研究主题，还新增了乡村治理。该文还就乡村治理和村民自治作为关键词的文献进行了横向对比，具体如表 1.4 所示：

表 1.4　（论文 B）表格论证以"乡村治理"和"村民自治"作为研究主题的文献数据

年份	乡村治理					村民自治				
	华科村治	全国	北京	武汉	华师农研	华科村治	全国	北京	武汉	华师农研
1998	0	0	0	0	0	29	5	7	0	0
1999	3	0	0	0	0	70	12	5	0	0
2000	5	0	5	5	0	61	9	9	3	0
2001	0	0	0	0	0	52	12	9	5	0
2002	2	1	2	2	0	64	9	13	11	0
2003	3	1	1	1	0	42	9	5	1	0
2004	9	4	2	1	0	51	11	3	1	0
2005	29	0	15	5	6	49	11	10	2	1
2006	35	6	14	2	7	74	15	13	6	3
2007	32	0	14	3	8	50	6	12	4	2
2008	33	5	11	0	7	55	7	8	4	0
2009	30	2	8	2	4	62	9	13	3	4
合计	181	19	72	21	32	659	115	107	40	10

　　相信通过笔者上述细致的描述，读者已经掌握写作高质量论文的模式化方法，并能够结合自身具体情况进行分析，从而让自己能够高效地产出高质量的论文。事实上，学习一种新的研究方法，再将之套用在不同的研究对象上，这是极为常用的学术论文写作方法。以前国内许多学者便是学习掌握国外研究方法以后，再用此方法研究中国国内的具体情况，从而缩小国内与国外的研究水平差距，这对学术也是有边际贡献的。

　　第二，贡献新数据。

　　即我们在论文中使用了一种新材料，其他人没有使用过，至少没人在你的研究领域用过。另一个是使用新数据，或官方发布的最新权威数据，也可以是一个高度可信的民意调查机构发布的最新统计数据，或者是你和你的研究团队通过实地调查和实证研究获得的第一手信息和数据。撰写的论文有了上述数据内容，我们可以把它看作是一种学术上的贡献，这不仅是我们论文与其他论文相比的闪光点，也是论文的创新点。

　　部分学者可能认为这种方法相对于第一种方法只是改变数据的范围，或者采用实地调查的数据，论文创新性有所减弱。这确实是不争的事实。但是，挖掘新数据确实也是有学术贡献的。比如田野调查获得的许多数据信息，便是书本上无法获知的，也具有学术价值。

　　第三，贡献新理论。

　　即本论文涉足领域的现有研究提供了哪些新知识，提供了什么样的新范式和新框架。这样的学术创新可能最难，但也并非完全没有机会。如果你专注于一个跨学科的研究领域或一个新兴的主题，并且相关的研究成果总体上在增加，那么你更有可能贡献新的知识和理论。一旦在这方面有了突破，这篇文章可能会有极高的引用率。

　　比如说在经济学领域，著名学者纳什提出博弈论框架来分析解决经济学问题，并提出著名的纳什均衡。此研究方法出来以后，产生了一个全新的研究角度，即从博弈论框架进行经济学分析。相对于以前学者习惯以传统的数学思维和统计学思维分析经济问题，博弈论是全新的分析理论和分析范式。因此，此后的几十年里，博弈论成为经济学分析领域的一大分支，纳什的博弈论分析框架作出了不可磨灭的学术贡献。

2

以研促教
——与学生一起做好课题研究

课题申报的前期准备工作

申报课题是高校科研工作必不可少的一部分。一方面，课题是职称评审的必要条件之一；另一方面，不少课题有经费支持，能为学术研究的开展助力。

此外，课题研究中老师还能够协同学生，激发学生对科学研究的兴趣。老师和学生一起做好课题研究，在课题研究中可以一起成长：老师在学生的协助下可以减少课题的工作量，学生在课题研究中能够找到自己的一些研究兴趣，学到科学研究的一些基本功。

2.1.1 **课题选题的诀窍："外部检验2.0"**

论文和课题有不少相似的地方，比如都需要对问题进行深入的探讨。不过课题对问题的研究会更为系统和深入，论文往往只是探讨问题的一个方面，而课题要求你对该问题进行更为系统的探讨，这就好比将一帧一帧的镜头组成电影。从申报课题的角度也可以看出课题系统性的特点，比如要求你前期的成果必须是围绕同一主题的学术论文；从结题的角度看，不少课题也要求你发表同一主题的学术论文作为结题材料。毋庸讳言，课题的难度比学术论文要高，因为就某一个选题而言，你可以做到成功发表一篇核心期刊论文，但要围绕某一选题发表一系列的核心期刊论文，难度就提高很多。因此，课题的选题要求比学术论文要更高。

前文介绍了关于学术论文选题的技巧，即所选取的论文题目必须经过外部检验。这个技巧同样适用于课题的选题工作，只是课题选题要求比学术论文更高。因此，外部检验这一技巧也需要升级为"外部检验2.0"，即在综合运用前面"外部检验1.0"的基础上，要进行再次的外部检验。

那怎样的课题选题才是好的选题？从不同的角度来看有不同的解读，就理工科，尤其是工科而言，课题的选题往往不是最难解决的部分，解决遇到的实际问题的手段，比课题选题本身更重要。比如研究跨物种的移植，毫无疑问这个选题对人类健康是极为有意义的，但怎样才能够做到跨物种的移植，这才是最难的地方；而就人文科学而言，课题最难的部分并不是解决问题本身，因为人文科学解决问题，一般都是采用实地或间接调查得出的一手或二手数据进行统计检验，而统计检验已经是成熟的学科。人文科学最需要的并不是解决问题而是怎样发现问题，因此，我们必须找到社会上的新问题、新热点进行课题申报。

2.1.1.1 如何下载国家社会科学基金项目课题指南

那怎样的选题才是符合社会的新热点并且具备较大研究意义的选题？笔者认为可以参考全国哲学社会科学工作办公室公布的国家社会科学基金项目。

一方面，国家社会科学基金项目是人文科学课题的最高水平，如果你的课题能入选国家社会科学基金项目，那么表明你的学术水平在中国已属于上游水平。因此，国家社会科学基金项目完全可以作为你工作参考的最高目标。另一方面，国家社会科学基金会提供课题指南，这个课题指南对于你申报国家社会科学基金、省部级课题、厅级课题都有极强的参考作用。因此，所谓的"外部检验2.0"，本质上就是要求你所申报的课题选题要符合国家社会科学基金项目课题指南的要求。

那么这么重要的课题指南从哪里可以下载？首先，你需要登录全国哲学社会科学工作办公室的官方网站（网址：http：//www. nopss. gov. cn/），然后，点击官网中的通知公告，再选中"××××年度国家社会科学基金项目申报公告"，如图2.1所示：

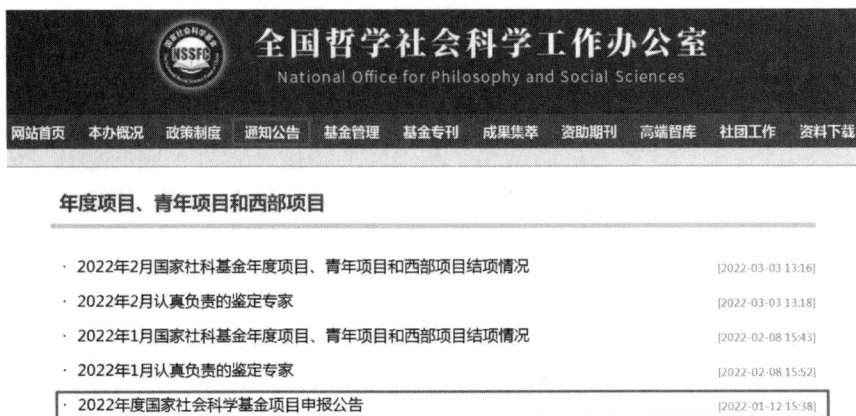

图 2.1　查看国家社会科学基金项目申报公告

一般国家社会科学基金项目每年 1 月会出课题指南，因此你要养成每年 1 月或每年年初定期关注课题指南的学术习惯。按照前述的方法，点击申报公告链接以后，拉到公告的最末端，即可发现课题指南的下载链接，如图 2.2 所示：

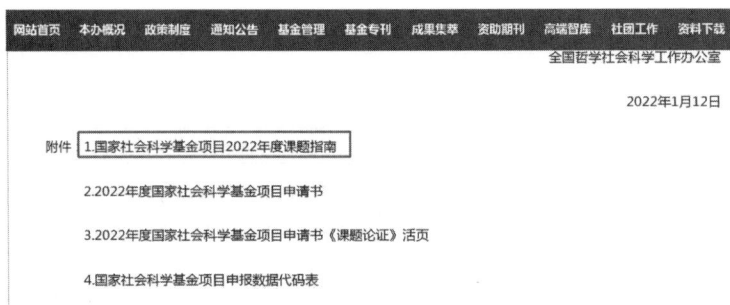

图 2.2　查看国家社会科学基金项目课题指南

2.1.1.2　怎样正确利用国家社会科学基金项目课题指南

打开课题指南，可以看到从马克思主义到管理学，所有社会科学的主流分支的指南目录，如图 2.3 所示：

目录

说明···1

马列·科社···1

党史·党建···4

哲学··10

理论经济···15

应用经济···22

统计学···28

政治学···33

法学··40

社会学···46

人口学···52

民族学···55

国际问题研究·······································59

中国历史···65

世界历史···71

考古学···74

宗教学···76

中国文学···79

外国文学···84

语言学···87

新闻学与传播学··································92

图书馆·情报与文献学··························97

体育学···102

管理学···107

图 2.3   国家社会科学基金项目课题指南的目录

如图 2.3，你需先找到自己所对应的学科，毕竟不同的学科，选题的具体内容完全不一样。比如应用经济学的研究，可以重点查阅应用经济的课题指南内容。当然，由于经济与管理是一个大的共同门类（经济与管理），所以也可以查阅理论经济与管理学的课题指南内容。

社科基金的难度在于评审专家十分看重你过去的研究经历，除非你申请的是国家社会科学基金青年项目，否则你零基础申报面上项目能成功的概率接近于0。因此在对照课题指南前，你需要系统回顾自己在过去 5 年的学术论文，无论是会议论文还是正式的期刊论文，或者专著与教材，找出你过去的学术产出与当前课题指南有没有较好的结合点。所谓"结合点"就是你的学术成果与课题指南重复的地方，最好是直接重复的关键词。如果你发现有此类关键词，那么恭喜你，你碰到的是最理想的状态，可以直接将你的前期成果纳入课题指南的范围进行拟定选题。

不过这种理想的情况不会特别常见。如果因为各种原因导致你过去的研究成果与课题指南并不相符，你也不必灰心，因为国家社会科学基金项目更大程度上是为你的学术积累提供一个指引。此时，你可以利用课题指南的内容为你今后的学术积累提供一个方向。以应用经济为例，我们可以看到 2022 年应用经济的课题指南里面有若干条选题指引，具体如图 2.4 所示：

应用经济

具体条目

*1. 新形势下我国产业链供应链安全稳定战略研究

*2. 促进数字经济健康发展问题研究

*3. 数字经济促进制造业转型升级研究

*4. 平台经济治理体系构建研究

*5. "双碳"目标下我国新能源产业创新发展研究

*6. "双碳"目标下高耗能制造业转型升级研究

*7. 数字经济发展促进碳减排的机理与对策研究

*8. 我国省域碳排放差异及碳补偿机制研究

*9. 提升我国在全球产业链价值链地位的思路和对策研究

*10. 小微企业供应链融资问题研究

*11. 数字经济背景下行业风险传染与银行信贷配置研究

*12. 高水平开放背景下商业银行数字化转型策略与政策支持体系研究

*13. 数字普惠金融和农村金融市场结构重塑与优化研究

*14. 系统性金融风险的传播路径及防范对策研究

*15. 进一步深化混合所有制改革的重点、难点及对策研究

图 2.4　从国家社会科学基金项目课题指南找出高频词

假设查阅了课题指南所有的条目都没有与自己过去研究成果相重合的地方，此时应思考的是，在今后 3~5 年，应该朝着哪个学术领域进行研究，此时你就可以观察课题指南重复率高的关键词究竟是哪些。从 2022 年的课题指南内容来看，不难发现高频词汇是"数字"，在课题指南的第 2、3、7、11、12、13 条均有此关键词，而"数字经济"占据其中 4 条，则表明国家在今后的发展中重点关心数字经济与实体经济如何结合和相互促进。因此，今后努力和研究的方向应该是以数字经济作为主题。

2.1.2　科学拟定课题名称

如果你过去 3~5 年一直研究数字经济（即过去的研究成果与课题指南有重合的地方），那是否以自己的研究选题直接申报？不用着急，因为从有了好的选题到落实具体的课题名称，还需要进一步的检验工作。毕竟选题只是一个大的范围，而在这个大的范围内要寻找明确具体的课题名称，白纸黑字地落实在课题申报书上，我们还需要进一步斟酌。

2.1.2.1 契合具体条目和方向性条目

国家社会科学基金项目的课题指南提供了两大类目的指引，即将选题分成了具体条目和方向性条目。所谓具体条目就是，你可对条目文字表述进行适度修改（也可不进行修改），课题指南已为你提供了研究的角度和侧重点。如图 2.5 所示，应用经济的具体条目中的第 7 条"数字经济发展促进碳减排的机理与对策研究"，该条目中已经明确了，研究的大背景是"数字经济"，具体分支是"碳减排"，研究目的是当中的"机理与对策"。由此可见，如果你过去的研究成果跟此具体条目重复较多，那大可直接套用。

应用经济

具体条目

*1.新形势下我国产业链供应链安全稳定战略研究

*2.促进数字经济健康发展问题研究

*3.数字经济促进制造业转型升级研究

*4.平台经济治理体系构建研究

*5."双碳"目标下我国新能源产业创新发展研究

*6."双碳"目标下高耗能制造业转型升级研究

*7.数字经济发展促进碳减排的机理与对策研究

*8.我国省域碳排放差异及碳补偿机制研究

*9.提升我国在全球产业链价值链地位的思路和对策研究

*10.小微企业供应链融资问题研究

*11.数字经济背景下行业风险传染与银行信贷配置研究

*12.高水平开放背景下商业银行数字化转型策略与政策支持体系研究

图 2.5 国家社会科学基金项目课题指南的"具体条目"

当然，上述情况是最为理想的情况。课题指南还给出了方向性条目。所谓方向性条目就是课题指南只规定了研究的方向，即使你过去的研究成果跟此方向重合，也不能直接套用方向性条目。你必须根据方向性条目进行细致的思考，从方向性条目中选取研究的侧重点和角度。还是以 2022 年国家社会科学基金项目课题指南中的"应用经济"为例（见图 2.6），如当中的第 44 条"国有经济与民营经济协同发展研究"，假设你过去的学术成果集中在经济协同发展的研究，但你不能够直接套用第 44 条的条目作为你的课题申报名称，因为它只是提供了一个方向，国有经济和民营经济协同的地方太多，你需要寻找出具体的分支点进行研究；又如第53条"中国与欧盟产业链关系问题研究"，假设你过去的研究成果也集中在中欧之间的产业链发展，同样你的课题名称不能直接套用第53条，毕竟中国和欧盟之间的产业链是极为错综复杂的，不可能研究出所有产业链的关系，所以落实到具体课题名称上，你应该挑选在过去你研究得最为透彻的产业链的一环，比如你聚焦在芯片产业，那么你就应该将第53条的方向性条目细化至中欧产业链中的芯片产业。

方向性条目

44. 国有经济与民营经济协同发展研究

45. 国有经济在促进共同富裕中的作用研究

46. 国有企业公司治理有效性评价研究

47. 新发展格局下内外贸一体化发展研究

48. 新发展格局下服务贸易发展战略研究

49. 数字经济背景下旅游业创新发展研究

50. 新发展格局下进一步释放居民消费潜力研究

51. 数字经济条件下生产性服务业与制造业融合发展研究

52. 产业链与创新链深度融合机制研究

53. 中国与欧盟产业链关系问题研究

图2.6　国家社会科学基金项目课题指南的"方向性条目"

2.1.2.2　通过项目数据库寻找启发

具体条目和方向性条目可以为你拟定课题名称提供一定的帮助，但能否在此基础上再评估你所拟定的课题名称立项概率如何？答案是肯定的，具体可以利用国家社科基金项目数据库。方法如下：首先进入数据库的官方网站（网址：http://fz. people. com. cn/skygb/sk/index. php/index/index/4541），你可以发现，在该数据库中提供了多个检索字段，让你可以从过去已经立项的选题评估今后选题立项的概率。如果从检索的结果来看，类似的课题名称已经立项了两三个，则表明该选题获批立项的概率还是比较大的；如果类似的选题从未立项，则该课题名称必须修改。因为国家社科基金研究的都是社会的热点问题，对民生和社会的影响都较大，如果该选题从未立项，则表明该选题对社会影响力不够，又或者是一个全新的领域，但无论是何种情况都表明该选题不适合申报；如果类似的课题名称在过去立项较多，比如已经超过10个，则表明该选题未来立项的概率一般。因为这种情况从另一侧面说明，该选题前人已经做得比较透彻了，你再寻找一个全新的角度并不容易，当然你也可以延续过去的热度继续研究类似的选题，但再次获批立项的概率不会太高。

仍以 2022 年应用经济学科中"数字经济"的选题为例，在检索框中"项目名称"栏输入"数字经济"，检索界面如图 2.7 所示：

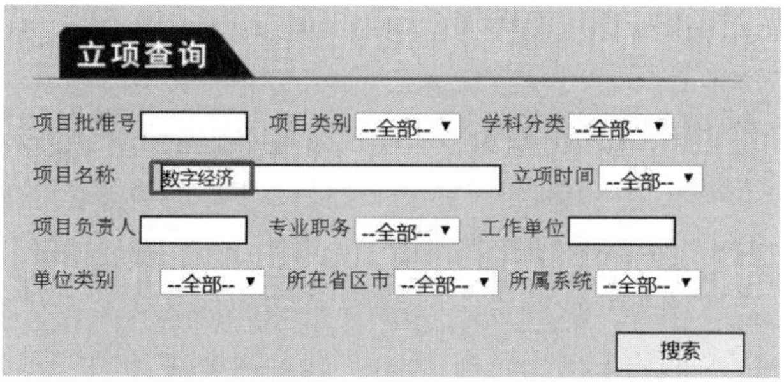

图 2.7　国家社会科学基金的项目数据库检索界面

从检索结果看，以"数字经济"作为课题名称关键词，在过去有非常多的项目立项，从青年项目到面上项目，从应用经济、理论经济、管理学、人口学到法学等各分支学科均有。可以看出数字经济在过去有着很高的研究热度，因此，以"数字经济"作为关键词的课题，依然有着不错的立项概率，但前提是你有着更为新颖的研究角度。

此外，这个检索数据库还有别的用途，你可以从中得知某个关于数字经济的已经立项的国家社会科学基金项目，它的主持人是谁。然后搜索该主持人的学术成果，比如搜索他过去在中国知网发表了哪些高质量的期刊论文，完成的质量怎样。这些内容对你具体的课题名称的拟定，都会有启发。

2.1.2.3　课题名称必须符合形式要求

关于课题名称的字数，从过去立项的课题来看，25～40 个汉字是比较适宜的字数范围：课题名称少于 25 个汉字说明你的研究角度或研究范围过于笼统，而多于 40 个汉字，说明你的课题名称用词不够精练。

关于课题名称还有一点极为重要：明确你的研究对象。很多课题名称，评审专家阅读了一次申报书就可以轻松排除掉，主要的原因在于他不太了解你想要研究什么东西，说明你的申报书中研究对象并不明确。那么，怎样才叫研究对象明确？笔者认为，研究对象首先必须是一个"问题"，事实上问题型的表述方法是在众多课题名称中最受欢迎的。尤其是在国家社会科学基金项目评审中，你的课题是否能够贴合国家的方针政策对当前国家面临的主要理论问题和现实问题作出研究，以满足国家发展的目标，是每一个评审专家首先考虑的问题和筛选申报书的首要标准。因此，如果你的研究对象不明确，你所要研究的问题并不能从课题名称中凸显出来，你的课题申报书就很可能被筛选掉。

那课题名称怎样列示才能表明你的研究课题是一个有意义的问题呢？按照笔者的理解，"问题型"的课题名称主要有下面几种表现方式：

（1）社会机制类的研究。

社会机制类的研究频繁出现在国家社科类的项目，也是文科类研究的高水平的体现。那么什么是社会机制类的研究？社会科学中的机制研究，主要是指研究产生该社会现象的原因及其与结果之间的关系，怎样通过不同的路径使得该原因出现了该结果，因为即使是相同的原因，不同的传导路径也会产生不同的结果。

下面以一个通俗易懂的案例进行解释：老年人热衷购买保健品是一种社会现象，也可以看作是一个结果。为什么老年人热衷购买保健品？此时，你就开始研究机制类的第一方面，即产生该结果的原因；在你经过广泛调研以后，你发现老年人之所以热衷购买保健品，是由当前医疗成本过高、社会对保健品的效用存在虚假宣传，以及老年人对身体健康日渐重视所导致的。那这些原因通过何种方式和手段导致了老年人大量购买保健品？这就涉及机制研究的第二个方面的内容，即传导路径研究；还有为什么是这三方面的原因（当前医疗成本过高、社会对保健品的效用存在虚假宣传，以及老年人对身体健康日渐重视）导致老年人热衷购买保健品而不是别的原因，这三个原因是怎么结合在一起的，这就涉及机制研究的第三个方面的内容，即影响机制的分析。整体来说，机制研究要通过对社会现象的大量分析，理清社会机制的运作方式。

仍以"数字经济"作为研究主题为例，下面列举几个2021年已经成功立项的国家社科基金项目的课题，让大家从实际案例的角度体会究竟什么是社会机制类的研究：①数字经济平台赋能实体经济的二元机制、实现路径；②数字经济发展对农民工就业质量的影响与作用机制研究；③数字经济推动中国碳霾协同治理的机制、效应与政策研究。

（2）影响因素类或路径类的研究。

通过上面对社会机制类研究的解释不难发现，社会机制类的研究是较难的，因此也会有学者在社会机制类研究的内容基础上单独研究原因或者传导路径，这就产生了影响因素类或路径类的研究。你可以理解成这两类研究是社会机制类研究的一部分。

仍以"数字经济"作为研究主题为例，下面列举几个2021年已经成功立项的国家社科基金项目的课题，让大家感受什么是影响因素类或路径类的研究：①数字经济发展对农民工就业质量的影响与作用机制研究（此课题既属社会机制类研究，也属影响因素类研究）；②数字经济背景下我国城市经济韧性的影响因素与提升策略研究；③数字经济环境下的产业虚拟集群路径创新研究。

（3）问题类的研究。

当然，前述笔者强调国家社科基金项目重点研究国家当前的热点问题，事实上也不仅是国家社科基金项目，很多省部级课题、市厅级课题也是喜欢研究具体问题的，毕竟财政拨款是希望学者能够解决当前各级政府面临的一些难题。基于此，在课题名称中也有学者直截了当地表明他研究的是什么问题。

仍以"数字经济"作为研究主题为例，下面列举几个 2020 年已经成功立项的国家社科基金项目的课题，让大家感受什么是问题类的研究：①数字经济下新业态企业税收管理问题研究；②数字经济国际规则变化背景下的数据要素税收问题研究。树立问题意识在课题研究中是十分重要的，有些课题名称一看就知道立项的概率是很小的。比如课题名称"基于'岗课证赛'融通的职业教育新形态教材的研究"，这个课题看上去很出彩，也结合了职业教育中新形态教材的研究热点，不过不可能获得国家社科基金的立项，因为"教材"本身不是一个"问题"。

2.1.3 通过学术会议等进入所在学科的学术圈子

对于国家社科基金项目或者部分的省部级课题，有一个评审的环节叫"省内筛选"。所谓的"省内筛选"，实际上就是组织所在省份各个学科的专家进行课题的评审工作。只有通过省内筛选的课题项目，才有希望进入教育部或者国家级的筛选。

了解这一点以后，你就必须想方设法将你的影响力扩展到省内的学术圈子。那怎样才能够让自己进入省内专家的学术圈子呢？有一个较为妥当的方法，就是积极参与学术会议。一般省内的专家肯定会参加各种学术会议扩大自己的影响力。在学术会议的现场，大家持有的心态也是相对开放的，你在参与学术会议的过程中，就可以跟专家学者多聊天，交流信息。如果你出版了学术专著，还可以将学术专著带上自己的名片或留下自己的姓名、联系方式等送出去，每送出一本自己出版的学术专著，实际上也是和学界内的某一个同行建立了联系，也是给自己创造了一个潜在的机会。通过学术会议也可以让你更为了解学科内最为前沿的学术发展，为你以后课题论文的选题提供不少的启发。事实上学术发展到今天，闭门造车能做出好成绩的可能性已经很小，一方面外界的学者大家太多，你需要认真把握前沿的动向；另一方面就是你的期刊论文、课题申报难免需要外界的学者进行评审才可能获得通过，如果不积极认识外界的学者，也将意味着你的期刊论文和课题申报在评审环节中处于劣势。

2.2 课题申报书各部分的写作建议

以国家社科基金的项目申报书为例，它一共包含了六部分的内容，实际上也和其他类别的课题申报书类似。本节会围绕这六部分的内容展开，给出具体的写作建议。其中，参考文献可以参照前述核心期刊论文的写作建议，在此不再赘述。这六部分的内容，具体分列如下：

1. ［选题依据］国内外相关研究的学术史梳理及研究动态；本课题相对于已有研究的独到学术价值和应用价值等，特别是相对于国家社科基金已立同类项目的新进展。

2. ［研究内容］本课题的研究对象、框架思路、重点难点、主要目标、研究计划及其可行性等。

3. ［创新之处］在学术思想、学术观点、研究方法等方面的特色和创新。

4. ［预期成果］成果形式、使用去向及预期社会效益等。

5. ［研究基础］课题负责人前期相关代表性研究成果、核心观点等。

6. ［参考文献］开展本课题研究的主要中外参考文献。

2.2.1 选题依据（上）：学术史梳理的写作建议

选题依据中第一个要点就是国内外相关研究的学术史梳理及研究动态，建议注意如下几点：

2.2.1.1 避免有"综"无"述"

文献综述顾名思义由"综"和"述"组成。前半部分的"综"不算太难，对所查阅的大量文献进行综合归类、提炼、概括即可做到。

后半部分的评"述"与分析则是"综述"质量高下的分界线，这需要融入作者自己的理论水平、专业基础、分析问题和解决问题的能力，在对问题进行合情合理的剖析基础上，提出自己独特的见解。

文献综述是评论性的（review 就是"评论"的意思），因此要带着作者本人批判的眼光（critical thinking）来归纳和评论文献，而不仅是相关领域学术研究成果的"堆砌"。综述不是概述，不能泛泛地引用和概括，要有扬弃，特别是有批评。

2.2.1.2 如何准备

建议先从自己感兴趣的某一主题出发，寻找该研究主题的中外学术期刊，从中找到一两篇"经典"的文章后"顺藤摸瓜"，留意它们的参考文献。质量较高的学术论文通常是不会忽略该领域的主流、经典文献的。在阅读经典文献时，务必注意每篇文献的综述部分。因为任何与某一研究主题相关的重要成果都应当在综述中得到体现，并且在参考文献中列出。

2.2.1.3 一种常见的内容框架

在阅读了众多参考文献并予以系统总结以后，就可以进行文献综述的内容框架搭建。谨记按照问题来组织文献综述。下面介绍一种常见的内容框架，读者可根据如下框架进行文献综述的写作：

（1）主题简介（该领域的研究背景）。

这一部分可以考虑简介各篇文章（例如 A、B）及其作者，分析 A、B 的理论/观点、比较 A 与 B 的观点的共性和差异性。

（2）主题的重要性（该领域的研究意义）。

综述的主题写作是比较主观的，下面提供三种比较常见的综述主题的方式：

综述主题 1 提出关于"自变量或多个自变量"的学术文献。在几个自变量中，只考虑几个小部分或只关注几个重要的单一变量。记住仅论述关于自变量的文献。这种模式可以分开分别综述关于自变量的文献和因变量的文献，读者读起来清晰分明。

综述主题 2 融合了关于"因变量或多个因变量"的学术文献，虽然有多种因变量，但是只论述每一个变量的小部分或仅关注单一的、重要的因变量。

综述主题 3 包含了关于自变量与因变量的关系的学术文献（关于自变量和因变量两方面阐述的研究）。这是我们研究方案中最棘手的部分。这部分应该相当短小，并且包括了与计划研究的主题最为接近的研究。如果没有关于研究主题的文献，那就要尽可能找到与主题相近的部分，或者综述在更广泛的层面上提及的与主题相关的研究。

（3）首要问题梳理（该领域的发展脉络）。

这一部分要强调最重要的研究，抓住综述中重要的主题，指出为什么我们要对这个主题做更多的研究。其实这里不仅是要对文献综述进行总结，更重要的是要找到你要从事的这个研究的基石（前人的肩膀），也就是你的研究的出发点。

（4）目前的研究水平、存在问题、发展方向概况。

这部分主要论述关于这个问题前人研究到了何种地步，有什么缺陷，应该在哪些方面进行拓展。这一方面是对前人研究的尊重，另一方面也表明了你的文章价值何在。

这一部分还需要提出一个比其他更好的理论与立场，或提出一个优于每一个理论与立场的部分的摘要。

2.2.2 选题依据 （下）： 学术价值和应用价值的写作建议

国家社科基金要求你写出所研究选题的学术价值和应用价值，教育部人文社科基金项目也会要求你写出所研究课题的理论和实际价值。一个课题如果没有价值，自然不值得研究。

那什么是一个课题的价值？你可以先问自己一个问题，你目前研究的这个课题跟以往的研究有什么不同。如果你当前所做的研究过往都从来没有人做过，那么这个课题你应该慎重。因为学术发展到今天已经日臻完善，如果这个选题历史上从来没有人做过，证明这是一个全新的领域，或者是一个没有价值的课题，无论哪种情况都不适合你展开研究。如果你所做的课题过去有过类似的研究，那么你就要追问你的研究跟过去的研究有什么关键性的区别。如果没有区别，你现在的研究跟过去的研究相类似，那么你应该放弃。因为没有必要再耗费资金，做相类似的研究得出相类似的结论。因此，所谓课题的价值就是过去的学者做过类似的研究，而你在这个基础上有所突破。

这种突破主要是两个方面，一个是学术方面的突破（学术价值），另一个是应用上的突破（应用价值）。

学术上的突破或者学术价值在前文已经给大家举例说明了，请参见 1.2.3.3 的详细论述。简而言之，学术价值就是要求你使用新的方法或者贡献新的数据，又或者提出一个新的理论；应用上的突破或者应用价值，站在社会科学的角度，则更为简单。一般只有两种应用价值：首先就是你能提出带有操作性的政策建议，可以为政府解决当前社会的现实问题提供操作指南，这也是最常见的应用价值；其次就是你提出了一个解释框架，能够很好地解释当前遇到的社会热点问题。

在撰写课题的学术价值和应用价值时，不宜使用"首次"和"填补空白"这两个词汇。因为学术发展到今天已经日臻完善，如果你觉得当前的课题是首次甚至是填补了过去的空白，在很大程度上反映你并非客观中肯，或者是你的研究还不够细致而无法遍历过去的研究，从而产生你的研究属于"首次"和"填补空白"的错觉。

2.2.3 研究内容的写作建议

按照国家社科基金的申报书写作要求，研究内容包括研究对象、框架思路、重点难点、主要目标、研究计划及其可行性五项内容，下面分别给出这五项内容的写作建议。

2.2.3.1 如何确定"研究对象"

什么是研究对象？简单说就是在写作以前你要自问：我要研究一个什么问题？这个问题的答案就可视为"研究对象"。关于研究对象要明确三点：

首先，研究对象应该是一个问题。如果研究对象并不是一个问题，那么就不太适合申报国家社科基金或一些大型的基金项目。前面谈到课题名称时曾举例"基于'岗课证赛'融通的职业教育新形态教材的研究"，这不是一个问题，教材本身不会形成一个问题，所以不能成为一个好的研究对象。

其次，所研究的问题是应该是一个有意义的问题。如果你这个问题研究出来的结果没什么意义，那么也不是一个好的研究对象。比如你研究应该吃什么早餐最适合你，虽然这显然是一个问题，但它不构成一个有意义的问题。

最后，所研究的问题最好能简明扼要地概括出来。你所研究的问题应该是一两句话就能明确说清楚。如果说了一两个自然段，感觉还是没有将你所研究的问题说清楚，那么只有两种可能性：要不就是你对研究对象并不确定，要不就是你的措辞不当。仍以"数字经济"为例，你的申报书的研究对象可以表述为：本课题的研究对象是数字经济与实体经济融合路径。本课题旨在研究数字经济环境下，实体经济与数字经济融合存在的障碍及解决的路径。

2.2.3.2 如何确定"框架思路"

关于课题研究的"框架思路"，一定程度上可以看作是技术路线图的写作。一个好的技术路线图能够清晰明了地将你所研究的问题、研究的内容以及研究的阶段，以形象的方式展现给评审专家和读者。因此，这一部分的写作还是建议你以绘制技术路线图的方式进行说明。

那么，怎样才可以绘制出一个好的技术路线图？你要自问下面两个问题：我究竟有哪些内容需要进行研究（子课题的数量3~5个最为适合，少于3个表明内容框架不足以支撑整个课题，超过5个则显得研究的问题不够聚焦）？这些研究内容之间存在着怎样的层次和逻辑关系？这两个问题的答案，便是绘制技术路线图的必要内容。

有了内容以后，怎样绘制出好看美观的技术路线图？下面介绍两种最常见的技术路线图的模板。

模板 Ⓐ 研究思路、研究内容和研究目的

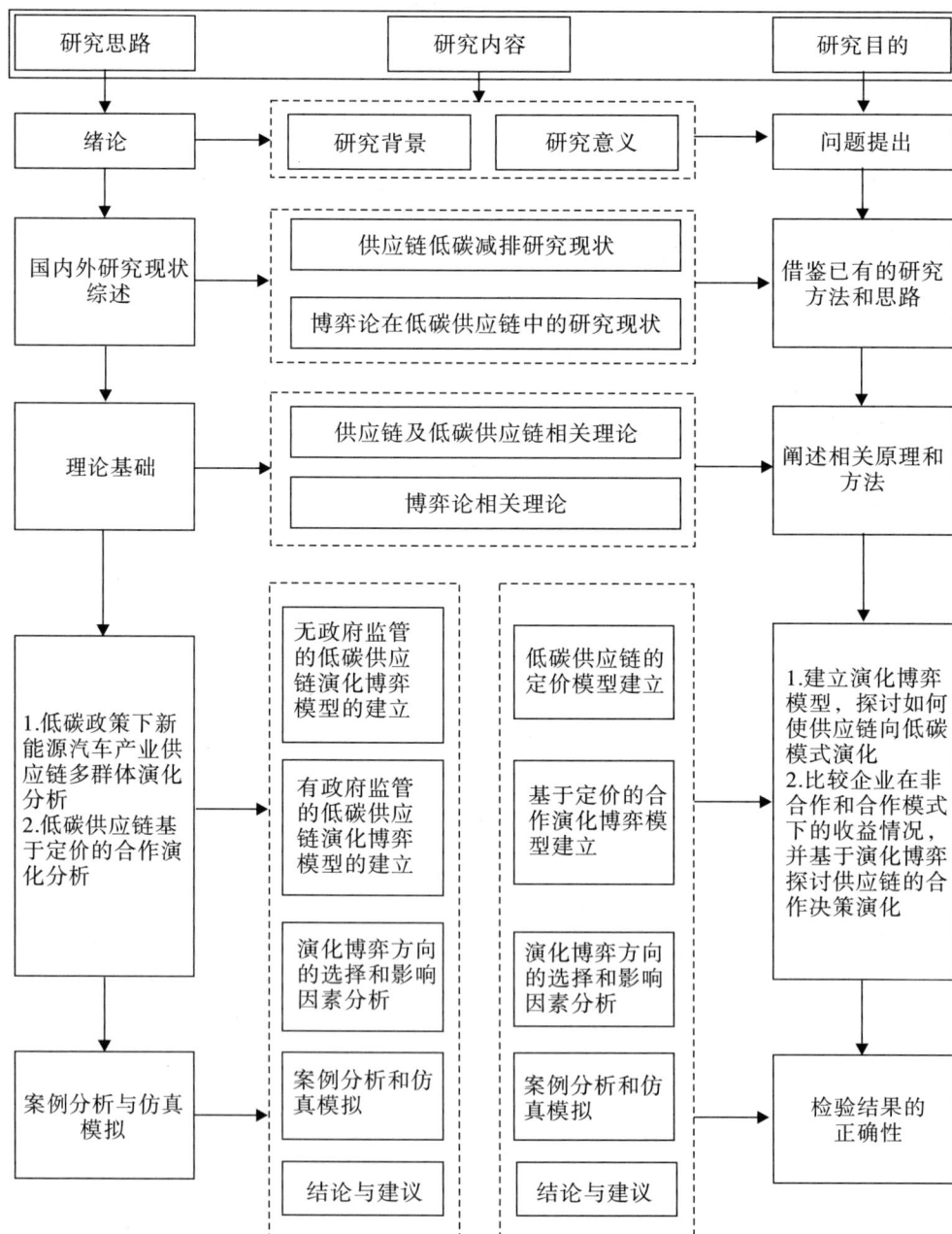

图 2.8 技术路线图示例一（常用模板 A）

该技术路线图摘自《基于低碳政策的新能源汽车产业供应链主体行为决策研究》，可以看出该技术路线图以"研究思路、研究内容和研究目的"组织内容，每一个横向逻辑顺序清晰，能将各部分的内容构成一个有机的整体。

模板 B 提出问题→分析与解决问题→应用研究

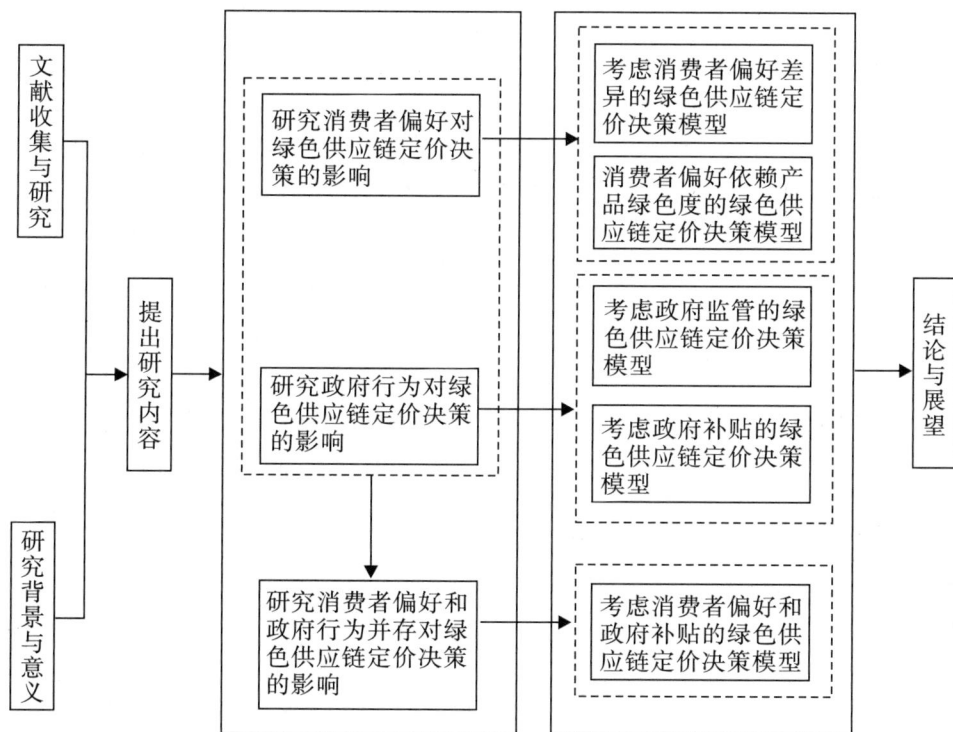

图2.9　技术路线图示例二（常用模板 B）

该技术路线图摘自《考虑消费者偏好和政府行为的绿色供应链定价决策研究》，该技术路线图采用水平绘制法，依次向右推进。作者研究了消费者偏好和政府行为对定价决策的影响，继而研究了这两个因素对绿色供应链定价决策的影响。

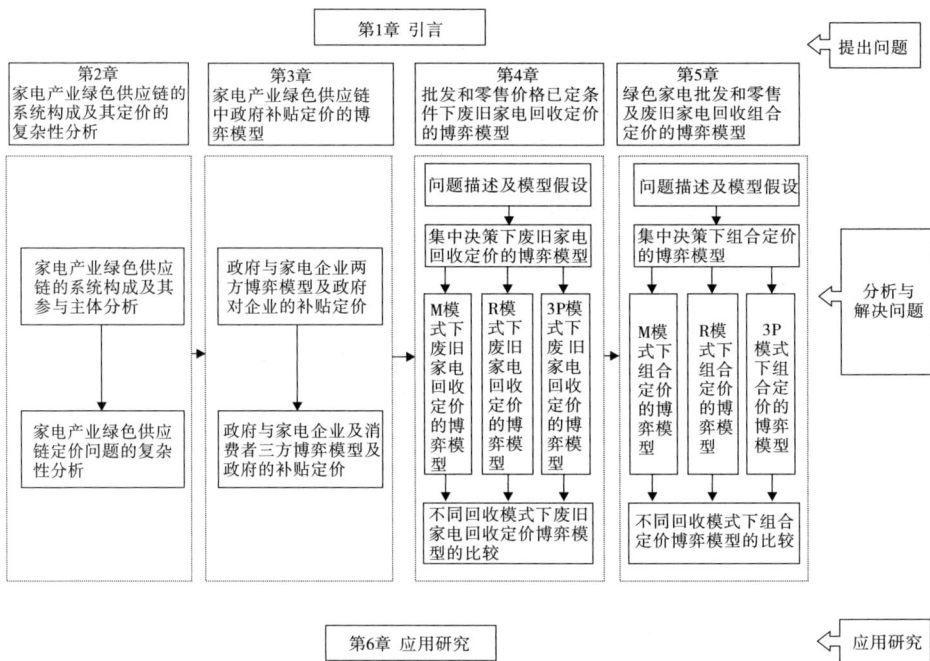

图2.10　技术路线图示例三（常用模板 B）

该技术路线图摘自《家电产业绿色供应链定价的博弈模型研究》，该技术路线图相对清晰，每章的具体内容能通过图形方式传达给读者。其中，分析和解决问题是课题的主要部分。作者绘制了第 2、3、4、5 章各部分之间的逻辑关系，并逐层推进。首先介绍了废旧家电回收的供应链和价格博弈的三种模式，接着在这三种模式下探讨政府建立的不同价格博弈模型，最后推导出不同回收模式下的组合定价模式。

2.2.3.3　如何写好"重点难点"

很多读者都不一定能搞清楚重点和难点的区别，有些甚至会认为重点和难点是一样的。实际上重点和难点往往是放在一起进行讨论，不过也有一定的区别。

首先，你需要厘清重点和难点之间的区别。

所谓"研究重点"就是你研究的这个子问题假设不能够形成正确结论，则整个课题无法继续进行研究；而"研究难点"就是研究这个子问题会涉及复杂的、具有变数的、不可控的因素，导致研究结论难以得出。下面举例说明重点和难点之间的区别和联系，比如研究的课题是"糖尿病的防治机制"，该课题的"研究重点"应该是导致糖尿病的主要原因，因为如果你不能找到糖尿病形成的原因，你就无法完成本课题（探讨出糖尿病的防治机制）；而该课题的"研究难点"应该是怎样寻找出导致糖尿病的主要原因。因为有多种原因都可以导致病人患上糖尿病，怎样证明你所发现的原因是主要的原因而非次要的原因，这个研究的过程就会涉及复杂的、具有变数的、不可控的因素。

其次，你需要注意关于重点和难点的撰写事项。

撰写重点和难点时不应数量过多，以 1~2 个最为适宜。如果你的研究课题有很多的研究重点，那证明你寻找出的研究重点不能切中要害。在具体写作时必须将研究重点描述清楚，说明它是怎样对你研究的主旨或研究的目标产生关键性的影响的。

撰写研究难点时，必须说明应对的措施。如果你只是写出研究的难点，并未详细提及解决策略，那难点就变成无法解决的难点，那本课题就没有必要立项。因此，你需要在申报书中详细说明，你打算从哪些方面解决这个研究难点：怎样让复杂的变量变得简单，怎样将不可控的研究过程变得可控。

2.2.3.4 如何确定"主要目标"

所谓研究的目标，实质上可以理解为你这项研究想解决哪些问题。关于研究目标的撰写需要注意以下几点：

第一，不要将研究目标写成研究结论。

因为你现在是在申报课题，而你的课题还没有立项，还没有立项的课题应该是还没有进行研究。既然还没有进行研究，就不应该有研究的结论。而如果你将研究的目标写成了研究的结论，那就恰恰证明你所做的是前人已经做过的研究，那就没有必要进行立项，因为前人已经做过了类似的研究。

第二，不要将研究的目标写得过多。

国家社科基金一般项目的主要目标以 3~5 个为宜，目标数量过少，不能体现你所研究课题的深度；而目标数量过多，则说明你的研究目标并非主要。

第三，不要将研究目标写成结题形式。

一般而言，课题会有对应的结题形式。比较常见的就是发表了多少篇核心期刊论文，出了多少本教材专著，或者写了多少字的结题报告。而这些只是你结题的呈现方式，并非你的研究目标，你研究的目标应该是解决某一个问题，而并非为了发表论文、出专著教材或写十几万字的结题报告。

最后，本小节给出关于研究目标的一个通用的文科撰写模板（状况评估、理论分析框架和策略体系），帮助大家快速而准确地写好课题的研究目标。

一般而言，社会科学类的研究目标主要有三大块：状况评估、理论分析框架和策略体系。研究一个课题就是研究和解决一个问题，而研究解决一个问题，必然有三个步骤，即"是什么→为什么→怎么办"。对于这三个步骤的解答就会延伸出三个学术目标，即"状况评估、理论分析框架和策略体系"。首先，你需要对问题有一个清晰的认识，即解决"是什么"的问题，这就是状况评估；其次，你需要研究为什么会呈现出这种状况，即解决"为什么"的问题，这就是理论分析框架；最后，你需要解决这个问题，即解决"怎么办"的问题，这就是策略体系。

仍以"数字经济"为例，假设你的课题研究的是"数字经济和实体经济的融合"，那么你的主要研究目标可以是如下三点：

1. 完成我国数字经济和实体经济各主要行业的"状况评估"；

2. 构建出解释我国国情下数字经济和实体经济融合路径的"理论分析框架"；

3. 为了更好地促进我国数字经济和实体经济相互融合，探索构建出具有中国特色的"策略体系"。

2.2.3.5　如何制订"研究计划"

课题研究中的研究计划多数以时间轴形式进行展开，描述的是从课题立项开始一直到结项，每一个时间阶段你应该干些什么事情，让评审专家看到你从课题立项到结项都有时间预算，证明课题的完成是有保障的。一般国家社科基金项目从立项到完成，以三年作为一个周期较为常见。倘若以三年作为研究周期，那中间设 2~3 个工作节点较为合理。下面介绍一个较为通用的模板帮助读者完成研究计划的撰写（见表 2.1）。

表 2.1　研究计划撰写范例

研究计划所属阶段	该阶段的主要工作内容
前期准备阶段（0.5 年） （某年某月—某年某月）	确定课题研究的实施计划、购买课题研究所需的相关资料和数据、确定实地调研的主要实施方案
开展研究阶段（1 年） （某年某月—某年某月）	对调研的数据进行分析、梳理相关研究结论并发表学术论文、参与相关的学术会议
成果发表阶段（1 年） （某年某月—某年某月）	对前一阶段形成的研究成果进行集中发表、撰写相关的研究报告
结题阶段（0.5 年） （某年某月—某年某月）	撰写课题结项报告、对所研究的成果进行宣传推广

　　除了制定研究计划的进度表以外，还要进行研究计划的可行性分析。所谓的研究计划可行性分析，就是要证明你可以保质保量地完成研究计划。要怎样证明你可以保质保量地完成研究计划呢？无非就是两点：一方面，说明你有很好的人员配备。作为课题负责人，对该项研究有很好的研究基础。课题成员也参与过相类似的研究，有相类似的工作能力。人员之间的分工是合理而且高效的。另一方面，说明你的研究计划是有物质和制度保障的。比如你的研究计划所依托的母体学校是注重科研而且乐于为教师提供科研便利的高等院校，学校有大型的图书馆、数据库以及科研会议制度等软硬件的保障。

2.2.4　再谈课题的 "创新之处"

　　国家社科基金计划在课题论证页对创新之处的写作提示是要具备在"学术思想、学术观点、研究方法等方面的特色和创新"。

　　课题的创新之处和核心期刊论文的创新之处是类似的，主要就是三点：第一种，你的课题（论文）使用了新的研究方法对研究对象进行研究；第二种创新之处就是要贡献出新数据；最后一种创新之处就是贡献出新理论。具体可以阅读前章的内容，在此不再赘述。关于课题的创新之处的写作要点，本小节还想补充如下内容：

　　第一，创新之处必须求真务实，不宜过多。

　　国家社科基金申报书中关于创新之处谈到了三点，即学术思想、学术观点和研究方法方面的创新，但并未要求必须在课题中就这三点都进行创新。因此，无须分别列出你的课题在学术思想、学术观点和研究方法这三方面分别有什么创新。一方面，如果三个方面都有创新，可能已超出你的研究能力；另一方面，能够同时做到在三个方面都有重大创新，在学术研究上也不太现实。因此，应该重点写好某一方面的创新为宜，这样给课题评审专家的感觉是你的创新之处是求真务实的，同时也是客观中肯的，更容易获得评审专家的认同。

　　第二，研究方法中的创新必须在研究过程中具体展现。

　　前文已经谈到在创新之处这一点上，最为常见的是研究方法上的创新。关于研究方法的说明还应该特别注意如下几点：①你所提及的研究方法应该是具体的研究方法，而非笼统堆砌的研究方法，课题写作中很常用的"万能方法"不适宜写在申报书中。什么是万能方法呢？比如一切从实际出发，理论联系实际，历史和逻辑相统一，以发展的眼光看问题，使用归纳法、演绎法、矛盾分析法等分析研究对象……这些都是所谓的万能研究方法，最好不要出现在课题申报书中。②你所使用的研究方法应该明确表明在哪一个研究内容中使用。比如在社会科学中使用的实证分析法，应该说明在哪一个数据调查中使用了哪一种最为新型的计量实证方法，该方法就以往的研究方法而言，有哪些优点和创新。又比如说在社会科学中同样常用的个案分析法和比较分析法，你应该说明研究的是哪些个案，怎样从一些特殊具体的角度比较和分析这些调查出来的个案。总之，最终目标就是让评审专家觉得你所使用的研究方法并不是堆砌出来的，而是在研究过程中确实能用上的、很有必要的，并且有一定创新的。

2.2.5 预期成果的写作建议

按照国家社科基金的申报书写作要求，预期成果包括成果形式、使用去向及预期社会效益三项内容。因此，应在申报书中分别予以交代。

关于成果形式主要有四类：著作类（包括教材、专著、译著、编著、工具书）、论文类（包括期刊论文和论文集）、报告类（包括研究报告、结题报告、政府建言等）和知识产权类（包括外观、实用新型、发明和软件著作权）。

课题负责人可以根据自己课题的特点和自己的能力范围，适当选择 1~2 项或多项作为成果形式的展现方式。值得注意的是，这些类别的成果形式可以串成一个逻辑线：在你进行课题研究时，可以将研究的成果发表为期刊论文，然后多篇其他论文可以构成一个研究报告，该研究报告可以作为结题报告的重要材料。如果时间、精力和课题经费允许的话，你可以就这一研究报告进行进一步的完善（多加举例和将课题研究中的经历也写进去），就可以出版属于你的专著。这样就构成了一个逻辑链条，即"论文→研究报告→结题报告→专著"。

不过如果你的时间和精力不够，或者想在后续的课题申报中留有余力，逻辑链条中你可以选取 1~2 项作为课题成果的形式，而并非所有你都需要做。毕竟课题申报是高校教师工作生命中一个常态化环节，你不可能一辈子只做一个课题，可能一个课题结项以后，又再申报另外一个课题。因此，在学术研究中留有一定余力，保持成果的不断产出也是一种较好的策略。

关于使用去向及预期社会效益常见的写法如下：该课题的研究成果可以丰富相关学术领域的文献资料、为相关专业的本科生或研究生培养提供参考、为政府相关部门的决策提供建议。这三点基本上是社会科学类研究课题的"使用去向及预期社会效益"常见写作模板。

当然，如果你的课题有很强的应用性，可以在上述三点的基础上结合你课题的研究领域给出更为直接的社会效益统计，比如为某一企业创造多少营业收入等。

2.2.6 研究基础的写作建议

按照国家社科基金的申报书写作提示，研究基础包括"课题负责人前期相关代表性研究成果、核心观点等"。一般基金项目要求你写明研究基础，主要是从学术积累的角度考察课题申报人在过去 5 年就该申报选题有哪些前期积累，这里面会有两种不同的情况，这两种不同的情况在阐述研究基础时有不同的技巧。

2.2.6.1 课题负责人前期相关代表性研究成果

情况 A：课题申报人在该选题有丰富的前期积累，而且前期积累的成果和选题相关度高。

这是最理想的情况，前期研究成果数量多，而且与国家社科基金选题指南的某选题相关性强。这些都能代表申报人在此研究领域积累了丰富的经验，对选题的研究和后期研究计划的开展都有很好的驾驭能力，这无一例外都能打动评审专家。此时，我们最需要做的就是将自己的前期成果以图文并茂的方式展现给专家。这里介绍一下中国知网一个实用性的功能"学者库"（中国知网首页即可找到）。

进入中国知网"学者库"界面以后，你可以根据自己的实际情况进行注册（如图 2.11）。注册成功以后，中国知网会自动将其收录的关于你的论文等相关资料展示出来，然后你可以进行选取和确认，排除掉跟你同名同姓的但并非你所发表的研究成果。

图 2.11 中国知网注册并创建学者库

中国知网学者库在你成功注册并确认自己发表成果以后，会从多个维度以主页的方式展现你的学术成果，具体如图 2.12 所示。中国知网展现了你的工作单位等基本情况，全部的学术成果、学术影响力分析以及学术关系网络等。

图 2.12　中国知网学者库展现课题申报人的基本信息

这里面较为实用的是学术影响力分析，其以曲线图的方式（如图 2.13 所示）展现你过去累计发文的数量以及影响力，能非常直观形象地说明你在过去的学术积累情况。你可以通过截图的方式放在申报书中，此举能在研究基础这一维度给你加分。

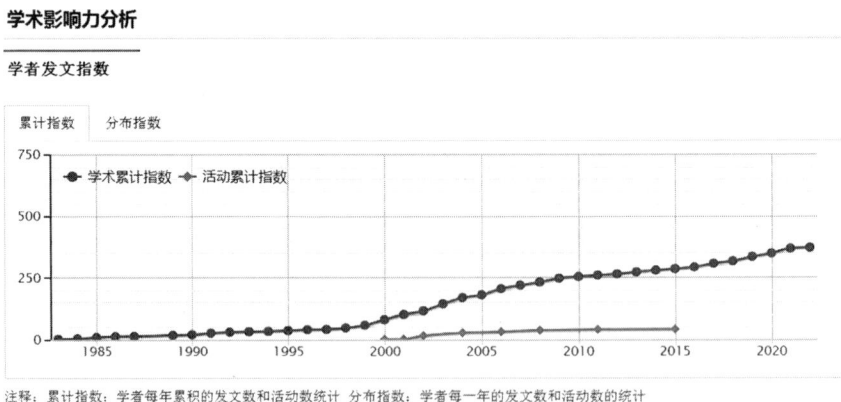

图 2.13　中国知网学者库展现课题申报人的学术影响力分析

同时，在列举具体研究成果条目之前，应该有一个 200～300 字的总体概括："本课题负责人在此申报选题的领域出版了相关教材××部、专著××部，发表了学术论文××篇，其中被南大核心期刊收录的有××篇，被北大核心期刊收录的有××篇，被四大索引收录的有××篇。"

在总体概括介绍完以后，再分列具体的研究成果，如果某篇论文引用率特别高，还要单独注明，如果只是普通的期刊，则不必给予说明，尽量避免展现短板。

情况 B：课题申报人前期成果不多或前期成果虽多，但拟申报的选题与其前期成果的相关度低。

相对于情况 A 而言，这是更为常见的情况。学术成果不多，可能是你较为年轻。而申报的选题与前期成果的相关度低，可能是因为国家社科基金选题方向与时俱进，而你不可能在每一个新的领域不断发表相关的学术成果，毕竟学术成果的发表需要一个较长的周期，无法随时与国家社科基金的选题方向相匹配。

对于情况 B，首先需解除焦虑情绪，毕竟"研究基础"这一评价指标在国家社科基金项目的评分权重只占 20%，换言之 80% 的评价权重都不在"研究基础"。因此，即便研究基础较为薄弱（成果不多或成果与申报选题相关度低），只要进行适度的"包装"，拿到部分的分数（比如 20 分里面拿 10 分），再配合申报书其他部分的内容得分，从总得分的角度依然有可能拿下国家社科基金项目。这种情况在其他项目申报中也较为常见，很多申报人在申报时研究成果也是较为薄弱，因而不敢申报课题，这其实大可不必。

那在研究基础较为薄弱时，怎样"包装"从而获得一定的"研究基础"分值？下面给出几条写作建议：

建议 1：将与申报选题相关且即将出版的成果予以展现。

由于有时间上的差异，所以你的学术成果并没有在申报书提交之前见刊。这部分的研究成果也不能浪费，可以通过标注的方式提前展示在"研究基础"中，比如：

《论文题目》，作者排名，期刊名称与级别，预计 20×× 年 × 月见刊（已收到用稿通知）

《专著书名》，作者排名，出版社名称与级别，预计 20×× 年 × 月出版（已签订出版合同）

在列举上述研究成果时最重要的原则是发表成果与申报课题之间的相关性，由于要求列出的是近 5 年的研究成果，这就造成一个难题，比如你最近这 5 年可能就只发表了一篇南大核心期刊论文。那究竟是否应该将这一篇唯一的核心期刊论文写进去？如果不写进去，似乎整个课题申报书研究基础的部分就没有一点像样的材料；写进去，似乎这篇论文与申报课题之间又不存在较大的关系，有点多余。对于这一常见的困境，答案是如果论文跟申报的选题关系很小，那还是不要写出来。因为将不相关的研究成果写出来，反而会让评审专家怀疑申报人的专业性。宁愿拓宽一下研究成果的范围，都要写跟申报课题相关的研究成果，比如你的研究成果不仅仅局限于论文，还可以是专著、译著、编著、政府咨询报告、会议论文……甚至尚未出版的工作论文也可罗列其中，但必须跟申报主题相关。在列举材料时，相关性应作为优先考虑的前提。

建议2：参考文献要做到两个"权威"（参考权威期刊和权威专家）。

在课题申报书中"研究基础"这一指标除了考察课题申报人前期的研究成果以外，还会考察其参考文献。了解这一点极为重要，因为课题申报人如果前期成果不多或者前期成果与申报课题相关性不强，这样就无法利用前期成果向专家证明你申报的课题有较好的研究基础，此时就只能依靠参考文献。如果你做的参考文献非常专业，尤其是你对参考文献把握得极为精准，能够引用该领域最好的参考文献，非常了解该领域权威的参考文献以及权威的专家所做的研究，这样可以让评审专家觉得，虽然你的前期成果比较少，但是对该选题的方向研究综述还是做得非常精准，也是该研究领域的内行，可以考虑让你立项从而继续该项研究。因此，在进行参考文献的综述时，必须参考权威期刊，必须了解该研究领域的权威专家究竟有哪些，作出系统而精准的参考文献综述，以避免让你薄弱的研究基础部分扣分。

2.2.6.2 课题负责人前期相关代表作的核心观点

在梳理陈述代表作的核心观点时，应按照如下的格式：首先写出该代表作的论文题目或专著名称；然后在名称后面括注该代表作或研究成果属于论文、专著还是研究报告；最后是对成果的核心观点的陈述。

仍以"数字经济"为例，某核心期刊的论文可以参照如下模板陈述核心观点：

1. 《数字经济、普惠金融与包容性增长》（期刊论文）：人类正在经历的以互联网为基础的第三次技术革命对效率产生了巨大影响。中国实现了数字经济和数字金融的快速发展。本文结合中国数字普惠金融指数和中国家庭跟踪调查（CFPS）数据，评价数字金融发展对包容性增长产生的影响。首先，中国的数字金融在落后地区发展更快，而且大大提高了家庭收入，特别是农村低收入阶层。由此可见，数字金融促进了中国的包容性增长。其次，关于从数字金融到包容性增长的传导机制，本文发现发展数字金融有助于改善农村居民创业行为，实现创业机会的均等化。最后，通过物质资本、人力资本和社会资本的异质性分析，发现数字金融特别有助于促进低社会资本家庭的创业行为，促进了中国的包容性增长。

2.《中国数字经济发展水平测度及其影响因素统计分析》（学位论文）：中国正进入以数字经济为中心的经济发展新时代，认识和研究数字经济也成为当前研究的热点。发展数字经济，促进实体经济和传统产业数字化转型成为中国经济发展的新使命，迎来了新机遇。本文首先通过综述国内外学者对数字经济的研究成果，结合中国实际国情，阐述了数字经济是以信息和通信技术为基础，以信息网络为依托，利用互联网和数字化技术实现的经济总和；其次，对中国数字经济影响因素进行了统计分析，得出数字经济产业从业人员数量以及数字经济产业占GDP比重能够推动数字经济的发展，而且这种促进作用是长期的；最后，针对所得结论和我国数字经济发展现状，提出了完善知识产权法律、健全人才培养机制等若干可行性建议。

关于核心观点的陈述要注意：如果你引用的是论文，那么陈述的核心观点就应该是论文的摘要；如果你引用的是专著或研究报告之类的，那么陈述的核心观点就应该是该专著或研究报告的中心内容。

另外，在陈述核心观点时，如果该专著或论文的核心观点与申报主题之间并非完全契合，也可以适度地转移陈述重点。比如该论文主体的内容实际上是 A，只是附带介绍一下 B 的情况，可是 B 的情况刚好与申报选题密切相关，那么你在陈述核心观点时，应该重点介绍 B 而并非 A。当然，这只是适度地进行话题的转移，不可无中生有。比如你的论文主体根本没有介绍 B 的情况，只是介绍了 A 的情况，这个时候你绝对不能为了契合申报主题而凭空捏造出 B 观点。

2.2.7 非主体内容的写作建议

课题申报书主体内容的写作建议在前面六个小节均已给大家详细地进行介绍，本小节再介绍申报书中需要填写的但非主体内容的一些小细节应该怎么填写。

2.2.7.1 项目申报类别的选择

国家社科基金项目类别按照申报的难度分别有如下几项：重大项目、重点项目、一般项目、青年项目、自选项目（一般自选或青年自选）、特殊项目（后期资助项目、西部项目、中华学术外译项目），那怎样进行选择最为科学？

个人建议是假如你符合特殊的条件，那肯定是先申报特殊项目较为稳妥，比如你现在处于博士后在站期间，那肯定是先申请后期资助项目；又比如你现在年龄在 35 周岁以内，那肯定是先选择申请青年项目。这样的策略较为科学，因为这些特殊项目和青年项目像是一个特殊的屏障，保护着学术基础较为薄弱的学者，使之也能获得国家社科基金的项目，谁都知道离开了这些特殊的"屏障保护"，国家社科基金的项目竞争是极为激烈的，立项的概率很低。因此，如果发现你符合国家社科基金的特定条件，那么肯定要先申请特殊项目或青年项目。此外，对于自选项目不建议进行申报。因为从过去已经立项的国家社科基金项目，可以观察到自选项目立项的可能性很小，这里面的原因很复杂，但可以肯定的是，从过去立项的情况看，如果你将申报的类别选在了自选项目，那么立项的概率就会更低。

不过你不可能总是处于博士后的在站期间或总是处于 35 岁以内，因此从长期的角度，你最终要面对这三项（重大项目、重点项目、一般项目）极为激烈的国家社科基金项目的竞争。对于这三个类别的项目又应该如何进行选择呢？

个人建议是，如果你目前有副教授等高级职称，而且你对此次申报书填写的内容较为有把握（此次国家社科基金选题指南和你过去 5 年学术积累的成果密切相关），那么，建议你先申报重点项目，因为国家社科基金会首先进行省内筛选，省内筛选的竞争还是极为激烈的。不过如果你通过了省内筛选，而且你申报的是重点项目，那么你有可能至少可以获得一般项目的立项，这个申报技巧叫作"就高不就低"。当然，如果你之前根本没有中过重点项目和一般项目，那么不建议你从重大项目开始申报，"就高不就低"也是有一定的适用范围的。

2.2.7.2　关于经费预算的几个建议

一般而言，课题申报都要求你做出相关的经费预算。经费预算一般会给出额度，即最低的预算和最高的预算。在进行经费预算时，记住也是"就高不就低"的原则。如果国家社科基金一般项目是 20 万~25 万元，那么你就填 25 万元；有一个校级课题，一般项目是 1 万~3 万元，那么你就应该填 3 万元。毕竟有充足的经费预算，对于课题的开展是很有好处的。最高的经费预算平摊到各个预算项目的金额就会变大，有些经费预算项目无法报销，到最后课题的实施只能依靠能报销的那些项目，所以每一个经费预算的子项目都有较大的金额进行配资，这样你的研究工作就有经费保障。

当然现在经费管理尤其是科研经费管理越来越严格，关于科研经费的管理规范可以参考《国家社会科学基金项目基金管理办法》，此外每个高校都有自己的项目基金管理办法。不过从宏观上来说，有一点是肯定的，就是要求课题项目必须根据开列的类别和比例进行报销，比如你的出版费用是 6 万块，到最后你发现出版一本专著超过了 6 万块钱的预算，那么你很可能要自己承担一部分出版费用。因此，我们在进行项目报销类别和比例的概算时要深思熟虑，未雨绸缪。

关于项目报销类别有两个建议：首先是难以报销的项目类别最好不要写，否则将来无法报销，浪费了你的经费预算。比如你开展的项目研究很难有国际交流的机会，那么就不建议在国际交流科目中做预算。其次是进行报销类别的预算时，要熟悉有哪些类别是可以报销的。一般社会科学项目比较常见的报销类别有：差旅费（用于报销调研路费、油费和酒店费用）、出版费（用于报销公开发表论文的版面费、出版教材专著的出版费）、图书资料费（用于报销购买项目研究所需的图书资料的费用以及打印费用）、设备费（用于报销购买课题研究中需要使用的实验设备的费用，虽然实验设备费主要用于理工科项目，但人文科学类照样需要部分的设备费）、科研业务费（用于报销项目调研中开展学术交流或小型会议的相关费用）、数据购买与分析费（用于报销购买科研测试计算中所需要的大数据以及相关分析带来的费用）、其他。

2.2.7.3 课题组成员的选择搭配要科学合理

课题组成员的选择要避免两个常见的误区：第一个误区是无论申请什么选题，都使用与过去相同的课题组成员。这是项目申报人最常犯的错误。出现这种情况的原因很好理解，主要就是课题申报人有本教研室或本学校一些老师的学术简历，或者每一次新申报的课题都拿过去申报书的课题组成员复制粘贴到新的申报书中。对于一般的课题项目，也许这样的做法可以勉强过关。不过对于教育部和国家级的课题，这样的做法显然是行不通的。

正确的做法是每一次申报国家级课题或教育部课题时，根据当前的研究选题选择新的课题组成员，毕竟每一次申报课题的内容都是不太一样的。你应该根据当前申报的课题选择适当专业背景的成员作为课题组成员，简而言之，选取课题组成员应该以服务于课题研究本身为出发点。也就是说你应该考虑本课题的研究需要哪些专业背景的人、需要哪些具有类似研究经历的人作为课题组成员，而不是每一次申报课题都使用相同的课题组成员。举个例子，比如这次你申报的课题涉及社会学，那么你就应该找一两个有社会学研究背景的老师做课题组成员。如果评审专家看到你这次申报的课题是关于社会学的，而课题组成员却没有一个是研究社会学的，则评审专家难免会觉得课题组成员的构成并不合理，很难挑起课题研究的任务。

第二个误区是课题组成员是"全明星阵容"。有些时候申报人会形成一个错觉，就是如果我的课题组成员都是教授，甚至带着学术标签（享受国务院特殊津贴、长江学者或珠江学者）的教授，就更容易将申报课题的项目拿下来。事实上，这样的课题组成员搭配反而会让评审专家觉得你的研究队伍并不靠谱。理由就是这样的课题组成员职称、学历、年龄结构并不合理。试想一下，你的研究团队都是"全明星"的阵容，甚至是带有学术标签的知名教授，而你作为课题申报员只是普通的学者，怎样带领这个团队进行合作？因此你的课题组成员要避免"全明星"，简而言之就是应该有一些年轻的学者加入，甚至可以是在职的博士生，这样评审专家才会觉得你这个队伍学历、职称尤其是年龄结构比较合理，可以将课题任务交付给你进行研究。

最后就是课题组成员不宜过多也不宜过少，合理的成员搭配应该是5名为宜。过少的研究成员（比如3个），会让评审专家觉得你的课题组没有充足的时间和精力进行课题研究，毕竟每一个课题组成员除了进行课题研究以外，还要分配精力在教学工作上；而过多的研究成员（比如7个以上），则会让评审专家觉得人员过多很难做到彼此之间精诚合作，毕竟成员越多，成员之间的沟通成本也越高。

2.2.7.4　实事求是地填写你的学术简历以及与过去申报项目的关系

不少的基金项目都要求申报人填写申报人及课题组成员的学术简历，其主要目的是让评审专家知道申报人及课题组成员的主要学术经历、任职的院校以及在相关领域的学术积累等。在填写学术简历时，既要尽量贴近申报选题的研究领域，也要实事求是，不能强将自己包装成该领域的研究专家，既要突出自己与申报选题的吻合度又不能造假，中间的天平要注意平衡好。一般来说，你所读的专业和所发的论文成果的标题无法更改。不过，你可以通过更改你的研究方向，使之更为契合你的申报主题。比如你的博士专业是"经济学"，你的主要研究领域是"资本市场理论与实务"，此次你要申报的课题是关于数字经济与实体经济的融合研究，那么你可以将你的研究领域在申报书中写为"数字经济"，这一点小幅度的修改是允许的，毕竟专家学者也知道，一个人的研究领域是有可能发生变化的，也是与时俱进的，不可能一辈子只是研究一个细分领域。

此外，像国家社科基金的申报书，还要求你写明你目前所申报的项目与已经承担的项目之间或博士论文之间的关系。对于已承担的项目有课题申报书或课题结项书作为依据，对于博士论文自然是以公开发表的博士学位论文作为依据，这些材料是很难更改的，你必须如实说明它们之间的区别和联系。在阐明"区别"时，要侧重说明现在申报的研究与既往的研究究竟在研究内容、研究思路上有什么新的调整和完善，不能只是为了说明区别而假装有区别。同时，你现在申报的课题绝对不能跟过往的研究重复率太高，万一被评审专家查出你现在所做的研究只是过去研究的重复版本，对于国家社科基金这样重要的基金项目，万一被举报则意味着你的学术生涯就此结束。在阐明"联系"时，你要说明当前申报的课题怎样延续过去的研究，怎样在研究内容和研究方法上有所继承。

总而言之，在写"区别"时要凸显你当前的研究较过去的研究有重大的创新点；在写"联系"时要凸显你当前申报的课题对过去的研究有所继承，并非无中生有或旱地拔葱地找到一个全新的研究方向。

2.2.7.5 "关键词"的填写和"学科分类、研究类型"的选择

上述的各个小节，已经阐释了关于国家社科基金项目申报书中数据表的各项内容。现在继续介绍在课题申报书中数据表（如图 2.14 所示）剩下的最后两项内容"关键词"和"研究类型"的选择。

一、数据表

课题名称						
关键词						
项目类别	A.重点项目 B.一般项目 C.青年项目 D.一般自选项目 E.青年自选项目					
学科分类						
研究类型	A.基础研究·B.应用研究·C.综合研究·D.其他研究					
课题负责人		性别	民族	出生日期	年…月…日	
行政职务		专业职称		研究专长		
最后学历		最后学位		担任导师		
所在省（自治区、直辖市）				所属系统		
工作单位				联系电话		
身份证件类型		身份证件号码		是否在内地（大陆）工作的港澳台研究人员	（是/否）	
	姓名	出生年月	专业职称	学位	工作单位	研究专长	本人签字

图 2.14　国家社科基金项目申报书的数据表部分

课题申报书中关键词的选取原则和核心期刊论文的关键词选取是一样的，即相关、高频、学术化。首先，关键词与你的课题申报书高度相关，这是起码的要求；其次，关键词应该高频地出现在你的课题申报书中；最后，关键词最好有一定的学术性（专有名词）。具体可查阅前面章节，在此不再赘述。

课题申报书中"学科分类"应该怎样进行填写？最直截了当的方法是到国家社科基金数据库进行检索，看一看与你申报选题相类似的且已经成功立项的课

题隶属哪一个学科，你就能知道填写哪一个学科分类，最有利于你的课题申报。

最后是课题申报书中"研究类型"的选择。申报书提供了"A. 基础研究 B. 应用研究　C. 综合研究　D. 其他研究"4种研究类型供你选择。在此想强调的是，选择何种研究类型，直接决定了你研究计划中时间进度的相关内容。比如你进行的是基础研究，研究周期一般是3~5年，因此你要在研究计划中以3~5年作为一个时间周期，规划研究的进度；而应用研究则较为简单，一般是2~3年的研究周期；综合研究，实际上是基础研究和应用研究的平衡版，即你的研究既包含了基础研究也包含了应用研究，综合研究一般也以3~5年最为常见。至于"其他研究"，则不建议进行选择。理由是从过去立项的情况看，研究类型属于其他研究的很少，该类型的研究一般以委托项目为主，涉及知识产权和专利等。因此，在进行研究类型的选择时，从前面三项选择你符合的类型即可，其中应用研究和综合研究较为常见。

3

任务式课程教学
——从此告别"满堂灌"

3.1.1 现实课堂上的难点

近年来，教育部为提高教育质量做出了多方面的努力。比如针对本科启动"双一流"院校建设，针对专科启动 100 所国家示范性高职类院校建设。不过，社会上对高等教育的人才培养质量认可度不高，这里面的原因值得深思。即便是最先进的教育理念，跟企业最对口的知识和技能，都需要在课堂给予贯彻和实施。毕竟知识和技能都是通过课堂直接教授的，而课堂教学效果不理想，这里面主要有几个原因：

首先，院校的排名标准和教师的职称评审标准普遍重科研、轻教学。

高校排名不管是专科还是本科，都很大程度上依赖于科研成果的排名。毕竟通过教学质量进行排名很难操作，而且难以拉开差距，而通过论文、课题等科研质量进行排名，则可以方便快捷地将院校之间的差距凸显出来。因此不管是教育行政部门还是社会机构，普遍喜欢使用科研成果的数量和质量对院校进行排名。这样做直接的后果就是各个院校都将教学资源和薪资激励的政策倾向于科研成果，职称评审就是一个重要体现。高校教师的职称评审条件普遍都是针对科研项目，这就不难理解为什么教师普遍不重视教学。毕竟一个高校教师，他的时间和精力都是有限的，只能够将有限的时间和精力用在最核心的方面，因而导致高等院校课堂教学水平普遍不高。

这种课堂教学水平不高的表现主要体现在高校老师在考试前往往给学生圈定考试范围，在考试成绩上尽可能地放宽标准，即使考试不合格也给予多次补考机会。宽松的管理制度一直都让学生有一种感觉，就是"进了大学就轻松了"。此外，在课堂的教授过程中，更加侧重宏观理论的教学，而不太侧重实际应用的研究，这同样是高校老师自我适应制度的一种表现。毕竟对学生宽松的考核，可以让自己有更高的评教成绩，宏观教学能更有利于科研论文的发表，而且让课堂教学"更不费劲"。这些"技巧"都可以让高校老师腾出精力来做科研任务。

其次，各级教学行政部门推出的各种项目都是重建设、轻实践。

为了提高课堂教学质量，教育部也确实推出了许多科研项目。比如各种大学生实践基地的建设、各种名目的教学资源库建设、各种规格（国家规划或教育部规划）的教材建设等。这些项目的推出，对于课堂实践是一件好事，不过很大程度上都变成了另外一类的"科研项目"。老师们当作是论文课题一样，都是匆匆忙忙地完成了，让学校有了宣传的资本。不过这些教材、教学资源库、大学生实践基地有多少是用于教学的具体实践中就不得而知。毕竟在高等院校排名的过程中，更为看重的是数量的建设，而建设好以后，究竟有多少持续运营或落到实处则没有相应的指标给予规范。

最后，既有企业实践经验又有教学经验的"双师型"老师太少。

高质量的高等教育必然是要做到企业的生产实践知识落实到院校学生的课本上，不过从实践的角度来看存在很多问题。比如熟知企业实践的老师，他们从企业过来却很少有高学历或接受过教育专业的训练；而具有高学历的老师，他们却面临着另外一个问题，就是"从学校到学校"，这些老师常年都待在学校里，很少参与企业的专业实践，优势是理论和学术素质都比较高、有高学历的学术标签，能得到用人制度的认可，不过缺点就是不具备企业生产实践所需要的知识，"从学校到学校"的教师教授给学生的往往是课本的理论知识。因此要做好高等教育，就要求有一批真正意义上的既有企业实践经验又有教学经验的"双师型"老师，目前来看他们的数量确实不多。

3.1.2　如何解决 "授课之难"

上一小节介绍了高等教育课堂教学质量不高的原因，笔者认为要提高课堂的教学质量，应该着重把握两个基本措施。

首先，良性的科研考核机制是最为重要的制度引导。

前面介绍了高等院校排名普遍重科研、轻教学，从而导致教师在实践过程中也有轻教学的倾向。足见一个良好的制度引导，对于提高课堂教学质量是极为重要的。如果科研要求过高，就很难让老师静下心来进行教书育人的基本工作。因此，淡化高等院校之间的科研排名，让老师重归教学的本质才是当务之急。沉重的科研任务是导致老师无法将全部身心精力投入到课堂教育的核心原因之一。

其次，在授课的过程中，老师们一定要从"输入式"的教学变为"输出式"的教学（任务式教学）。

这一结论主要来自美国国家培训实验中心，他们通过对比学生在不同的教学方法下得到的学习效果，从而绘制出"学习金字塔"（Learning Pyramid）。

表 3.1   "学习金字塔"

老师教授的方式		学生 24 小时后的记忆保持量
"输入式"教学	课堂讲授	5%
	学生阅读	10%
	视听教学	20%
"输出式"教学（任务式教学）	老师与学生示范教学	30%
	小组讨论	50%
	做写练习	75%
	让学生教别人	90%

从表3.1可以看出，我们课堂教学中常用的"满堂灌"教学方法（课堂讲授）对学生而言学习效果是最差的。这种教学方法在美国叫作"听中学"（Learning by listening），学生24小时后的记忆保持量仅有5%。造成这一现象的原因主要是"满堂灌"教学方法要求老师和学生都有较高的自觉性，才能够达至良好的教学效果。比如对老师而言，他在纯讲授的过程中要非常明确哪些需要讲哪些不需要讲，讲授的时间不宜过长（否则学生注意力会分散），讲授的语气和技巧都需要研究；对学生而言，则要求他在听课的过程中要有很好的自觉性，比如已经提前做好预习，对课中的难点和重点都心里有数。课堂讲授对师生的要求实在太高，因此"满堂灌"的教学效果最差。

反观金字塔的底部，"让学生教别人"却是最好的教学方法，学生24小时后的记忆保持量高达90%。这种方法实际上也叫"费曼法"，是由美国著名的诺贝尔奖获得者费曼提出的。他强调，老师教学生，学生不一定能够真正意义上弄懂知识点。老师应该选择一个教学目标，比如一个知识点或一个具体原理，让学生通过自习的方法尝试将该知识传授给他的同学们。这实际上要求学生主动地参与到课堂中来，让学生自己思考，同时将知识翻译为通俗易懂的语言，这样学生通过"做中学"（Learning by doing）才能够真正意义上学到知识。

从上述过程中，我们可以发现，所谓"输出式"教学，就是设置特定的任务，让学生参与到课堂中来，而并不是老师参与。学生参与的程度越高，则教学效果越好。金字塔顶端的教学方法（课堂讲授、学生阅读、视听教学），学生参与度往往更低；而越往金字塔的底端（做写练习、让学生教别人），则学生参与度越发提高。这些年课堂教学改革研究最大的发现就是应让学生积极参与课堂，课堂的主体应该是学生而非老师。

3.2 任务式教学的实施：设计学习任务

3.2.1 如何设计学习任务

上文谈到课堂教学要取得最好的教学效果，应该是让学生参与到课堂中来，让课堂的主体回归到学生而非老师本身。那怎样才可以让学生更好地参与到课堂中？答案是老师要给学生设置合理的学习任务，学生在完成任务的过程中，自然而然地参与到课堂的教学中来。有哪些学习任务可供老师选择？不同的学科有完全不一样的知识点和结构体系，老师应该怎样根据自己学科的特点设置合理的学习任务，从而调动学生的参与度？以下两个小节就试图解决这两个问题。

从宏观意义上来说，学习任务分成四类。这四大类的学习任务适合所有的学科，有着最广泛的指导意义，老师可以根据这四个类别思考得出具体的学习任务，四大类型的任务如表 3.2 所示：

表 3.2　四类常见的学习任务

任务类型	具体含义
完成项目	完成实物形态（制造业商品或模型）或非实物形态的产品（软件、PPT、剧本等）
解决问题	研究和分析一个问题，最后得出一个解决问题的方案
分析案例	搜集一个已经发生的真实故事，经过脱敏处理以后，针对这一真实案例提出与所授知识点相关的问题，让学生有一定解决实际问题的能力，以法院判例、医院病例最为常见
参与活动	一种过程式的体验，通过模拟实际的场景，让学生参与其中。多见于模拟法庭、模拟交易所、话剧表演等

这种任务式的教学目的就是让学生通过完成任务的方式激发自己的学习兴

趣，让学生成为课堂的主体，而并非老师全程参与课堂。这能最大限度地将课堂讲授为主的"输入式"学习变成"输出式"学习，从而合理利用学习金字塔，让学生 24 小时后的记忆保持量处于较高水平。

值得注意的是，这四大类型的课堂任务最好是源自企业真实的工作任务，也就是课堂上的学习任务也是企业实践中真实存在的任务，而并不是纯粹为了设置学习任务而编造。学习任务主要是针对课堂教学，通过学习任务可以让学生参与到课堂中来。但学习任务应该源自企业的工作任务，如果课堂设置的学习任务企业中根本没有（非工作任务），那么学生即便完成了学习任务，但他所学的知识照样解决不了具体的问题，相当于学生用高效的方法学了一些无用的知识。

3.2.2 学习任务的设计案例赏析

前面内容主要介绍了学习任务的四大类型，为了更好地让读者了解任务式教学的任务设计环节，下面就介绍怎样设计具体的任务。为了让不同专业的老师能够更好地理解学习任务的设计，本小节介绍的案例基本涵盖了理工科和文科专业。

（1）计算机科学专业课程：计算机组装与维护。

学生经过本课程学习需完成如下学习任务：

拆解与组装计算机→安装与调试操作系统→安装与调试计算机外部设备（打印机、扫描仪等）→安装计算机常用软件→诊断常见的网络故障（网卡程序错误引起的网络故障、网络配置错误引起的网络故障、网线等传输介质引起的网络故障）→诊断常见软件故障（操作系统无法登录、应用程序无法打开、系统遭遇常见病毒感染）→诊断常见硬件故障（显示器故障、打印机故障、音箱故障、读写设备故障）。

（2）模具设计与制造专业课程：模具设计。

学生在学习完 CAD 软件、CAM 软件以后，需要使用软件设计出具有代表性的小型商品，完成相关小型模具的程序设计和外观设计工作，具体任务如表 3.3 所示：

表 3.3　模具设计的学习任务

	具体任务
任务 1	肥皂盒模具的设计
任务 2	某品牌手机壳的模具设计
任务 3	某品牌热水壶的模具设计

（3）财经与商贸大类专业课程：财经应用文写作。

学生经过学习以后，需掌握四大类财经应用文的写作，懂得根据不同的财经情景写作具体的财经类应用文，并掌握常见财经应用文的写作模板，具体学习任务如表3.4所示。

表3.4　财经应用文写作的学习任务

	四大类财经应用文	具体的财经文书
任务1	常见公文	通知、通报、请示等
任务2	日常事务文书	计划、书信等
任务3	经济事务文书	商业广告、商品说明书、招标书、投标书、合同
任务4	年终经济事务文书	年度财务分析报告、年度工作报告

（4）会展专业课程：服装英语。

会展专业需要学习不同具体会展商品的英语，服装类商品较为常见。服装是商务会展里面常见的商品种类。在学习服装专业英语时，最好是模拟出具体的商务会展场景，而并非背诵服装英语的专业词汇。让学生设想某服装厂商要参加中国南方某服装会展，在会展期间，该学生需要以工作人员的身份带领服装厂商完成一系列的任务。

这就是常见的情景式学习，即真实的企业任务都是发生在特定的情景中，老师根据特定的情景，尤其是真实的任务情景（比如会展现场），将该情景重现，然后让学生置身于具体的情景之中。情景学习法的优点就是让学生知道什么情形下应该完成什么样的任务，让学生了解该知识点在具体的任务环境中的目的和价值，也为以后学生能具体完成企业真实任务打好基础。

在重现真实任务的情景时，最理想的环境是搭建出真实的场景氛围，如模拟法庭、证券交易所或银行柜台等，让学生能够做到场景下不同角色的模拟。如果硬件不允许的话，可用多媒体展现任务场景的图片，这样也可以一定程度上让学生感受真实的场景氛围，完成情景式学习的任务。表3.5罗列学生在会展期间怎样带领服装厂商完成一系列活动：

表3.5　服装英语的学习任务

会展阶段	具体任务
准备阶段	准备参会材料，提交参会申请
	布置参展现场

（续上表）

会展阶段	具体任务
运作阶段	服装厂商在开幕式上致辞
	发布服装新品，接待国外客商，组织现场抽奖活动
结束阶段	完成意向订单的签订
	服装厂商致谢幕词、举行答谢酒会

（5）高校各个需要修通识课的专业：思想道德修养。

思想道德修养课，也有部分高校称之为思想道德修养与法律基础。这是一门极为常见、开设在各个院校的通识类课程。该课程的授课往往让老师和学生都非常痛苦，站在老师角度而言，该课程比较抽象，如果采用"满堂灌"的教学方法，难以达到思政育人的理想效果；站在学生角度而言，该课程既不是专业课，也枯燥乏味，而且还是各院校的必修课（不得不修，难以避免有一定的厌学情绪）。怎样才能够做好该课程的教学，是摆在各思政老师面前值得思考的难题。

笔者认为也可以采用任务式教学的方法，将枯燥乏味的思政教材变成一个又一个具体可执行的学习任务，使学生从学习任务中不断地学到思想道德修养的核心知识点。相对于传统的课堂授课，该教学方法能明显提高学生的学习兴趣，具体的学习任务可参照表 3.6：

表 3.6 思想道德修养的学习任务

一级任务	二级任务（具体任务）
认识自己并做好个人发展计划	了解大学生活，做一个关于学校介绍的 PPT
	设计调研问卷和实施问卷调查，做一个毕业生就业指南和个人发展规划
编制职业道德规范手册	针对本校学生，设计调研问卷和实施问卷调查
	根据调研问卷的结果做一份职业道德规范手册
舞台剧表演：做一个有德有爱的人	舞台剧选题 1：不孝之子的回头之路
	舞台剧选题 2：离异家庭的复合之路
今日说法（案例分析）	案例分析 1：老板背信弃义侵犯员工利益
	案例分析 2：套路贷的维权之路

如果只是采用"满堂灌"的教学方式，可以看到思想道德修养课的授课目录（见表3.7）对于学生而言是较为枯燥乏味的。

表3.7　思想道德修养的传统授课目录

章节与内容
绪论　做一个有益于社会的人
第一章　把握大学生活特点　实现人生新目标
第二章　认识自我　开启人生
第三章　为实现崇高理想而奋斗
第四章　把爱国之情转化为报国之行
第五章　人生贵相知　友谊笃诚信
第六章　诚信与爱心是构建和谐社会的两大基石
第七章　心灵像阳光一样灿烂
第八章　按照美的规律塑造自己
第九章　提升道德境界　做一个有德之人
第十章　改变观念　找准定位　掌握技巧　顺利就业

对比表3.6和表3.7，不难发现授课内容同样是思想道德修养，但是采用任务式教学，相对于传统的课堂传授，教学质量明显提高。学生通过舞台剧表演、案例分析、问卷设计和调研，不光能学到思想道德修养课本中的核心观点（做一个有德有爱的人），也能学习到表演学的一些知识，设计问卷、处理问卷数据的一些技巧等。

因此，对比两种教学方式，你可以发现任务式教学有着更好的授课效果，是相当值得推广的教学方法。

（6）电梯工程与技术专业：电梯结构与原理。

为了进一步说明传统的课堂授课与任务式教学的区别与联系，下面以不少高校开设的电梯结构与原理为案例加以说明。表3.8左列是中山大学贺德明和肖伟平老师开设的"电梯结构与原理"授课目录，他们对传统授课目录的内容进行任务式教学。从表3.8可以看出两者之间的联系，任务式教学加强了学生的主动性学习，学生可以从具体的工作场景中学到课本的理论知识。当然，任务式教学并不是将理论教学拒之门外，而是将课本的知识点以实际场景纳入学生的学习中。

表 3.8　任务式教学与传统授课的联系与区别

任务式教学目录	传统授课目录	
到商场拍摄一部电梯 说明该电梯各个部分的结构图	第一章　概述 第二章　电梯基础知识	
拍视频：电梯在电梯井和各楼层的运动情况 结合视频说明电梯系统的工作原理，形成分析报告	第三章　电梯工作原理与运动分析 第四章　曳引系统主要设备与装置 第五章　轿厢与门系统 第六章　导向与重量平衡系统	
案例分析：电梯安全事故产生的原因和预防策略	第七章　安全保护系统	
以小组为单位设计一部观光电梯	第八章　自动扶梯与自由人行道	

3.3　任务式教学的具体实施步骤

　　仅仅知道要进行怎样的学习任务是远远不够的，教师除了要有任务式教学的意识以外，还要通过一系列的单元设计，将具体的学习任务落实到课堂。这是一个系统工程，也就是本小节要继续讨论的任务式教学的实施。一般而言，任务式教学的实施要经过七个步骤，通过这七个步骤学生最终完成教学任务。学生在完成教学任务以后才能学到知识，而并非将学习任务丢给学生，老师"无为而治"。这七个步骤分别是分析学习任务和教学对象→确定学习目标→准备教学资源→了解教学活动的类型→设计教学活动→设计课后作业→进行课后反思。

　　下面分别详述这七个步骤，并用一个具体详细的案例（财经应用文写作）加以说明。

3.3.1　分析学习任务和教学对象

3.3.1.1　分析学习任务

老师需协同学生通过下面五个步骤完成任务式教学中任务分析的工作：

（1）明确本次学习的任务；

（2）明确学习任务以后需分解完成该任务的步骤与方法；

（3）完成该学习任务需要用到的资源（涉及的人员，所需要的资金、设备、工具、耗材、技术资料等）；

（4）该学习任务需要达到的标准（比如性能、外观、功能等具体的要求），达到怎样的标准视为完成该学习任务；

（5）学生完成该任务，需要掌握哪些知识技能（此时学生需主动阅读教材相关的知识点）。

为了让读者更为了解这一步骤，下面以财经应用文写作中的一个任务单元"商业广告写作"为例加以说明。

（1）明确本次学习的任务。

商业广告写作严格细分的话属于商业广告文案写作，目的是通过类似电影剧本或软文的方式介绍公司的产品和服务，可以通过讲述一个商业故事或直接介绍产品优缺点等多种方式，打动消费者购买该公司的产品或服务。

（2）明确学习任务以后需分解完成该任务的步骤与方法。

商业广告文案写作的过程中，首先需要与产品或服务的提供商（即付费给广告公司的一方，也即"甲方"）联系，由广告公司的创作团队与甲方充分沟通，了解甲方产品或服务的优缺点，并在此基础上确定营销目标，开展广告创意的讨论（广告创意是广告公司的核心竞争力，也是广告文案中最难的部分，在实际企业运作中，往往需要创作团队围在一起，通过头脑风暴的方式集体完成），形成广告创意以后还需要与甲方反复沟通，首要目标是获得甲方的认可和同意，其次还需要通过后续市场的检验。

（3）完成该学习任务需要用到的资源。

完成本次学习任务所需要的硬件设备较为简单，一般普通多媒体设备即可满足需求，为了更好地让学生进行沟通，也可以使用智能手机下载相关的 App 作为辅助准备，此外应备有纸笔和教材，对形成的广告创意用书面方式及时记录。

（4）该学习任务需要达到的标准。

可以参照相关教材关于商业广告的写作标准（此时学生应主动阅读教材）。一般而言，好的商业广告文案应该具备几个特性：真实性（即不能夸大产品的用途和功能）、创意性（即文案写作富有创意，不是普通的产品优缺点介绍）、有效性（通过该广告文案的阅读，能激发消费者的购买欲望）。

（5）学生完成该任务，需要掌握哪些知识技能。

学生需要在完成任务的过程中，主动阅读教材或相关的商业广告写作资料，必须掌握如下几个知识点才能完成本学习任务：

①商业广告的概念、类型和特点；

②好的商业广告应该具备的特性；

③商业广告常见的创意文案写作方法；

④商业广告文案的构成。

此外，学生在完成本次任务中需要激发自己的创意思维，团队成员之间需要有良好的沟通和协同能力。

3.3.1.2 分析教学对象

爱因斯坦说过"兴趣是最好的老师"。因此，对教学对象的分析，首先要分析学生的学习兴趣。如果学生对该学习任务并没有什么兴趣，那很难发挥任务式教学的优点。毕竟任务式教学核心的原理是让学生在完成学习任务的过程中掌握知识点，如果学生对该课程任务压根没有兴趣，那么任务式教学就难以达到令人满意的教学效果。

事实上学生的学习兴趣由多个因素决定，如任课老师能否激发学生的学习兴趣，学习时间的长短是否合理（学习时间过长，学生可能因为大脑疲惫而对原本感兴趣的学习内容变得不感兴趣）。

除了分析学生的学习兴趣以外，学生对课程内容的预习程度也在很大程度上影响任务式教学的开展。试想，如果学生根本没有完成该任务必要的知识体系，或者该课程任务要求学生必须掌握很多前置知识点，那么学生会觉得完成学习任务接近不可能，从而让任务式教学难以开展。

为了让读者更为了解这一步骤，仍以"商业广告写作"举例说明：

（1）分析学生的学习兴趣。

假设授课对象是某院校大一的学生。大学低年级的学生学习热情都较为高昂，加上传统的课堂教学较为沉闷，而任务式教学比传统课堂授课更为新颖，有利于激发学生的学习兴趣。由于生活处处有广告，所以学生对广告并不陌生，从而对参与广告文案创作应该有一定的兴趣。

（2）分析学生的知识准备的情况。

广告文案创作本质上是广告学的重点内容。而本次广告文案写作仅作为财经类常见应用文的一个内容，学习要求并不高，只是要求掌握常见的广告文案写作方法，因此即便学生对广告学内容没有深刻理解，阅读教材就可以掌握本轮任务教学所需的前置知识储备。广告文案创作最为依赖的是创新性思维，而创新性思维往往是年轻人的天然优势，因此老师只要对学生进行适当引导，促使学生充分运用联想思维、发散思维、分解思维等，就能激发学生的广告创意。

3.3.2 确定学习目标

部分读者也许有困惑，前文不是已经叙述过学习任务了吗，现在为什么还要谈学习目标？其实学习任务和学习目标是两个不同的概念。对于教学而言，学习目标才是要点。要求学生完成学习任务，是为了达到一定的学习目标。因此，我们需要评估该学习任务能达到怎样的学习目标。适切的学习任务应该是学生完成以后就能达到预设的学习目标，如果达不到，就说明该学习任务设置不当。学习目标应该是多维度的，通过一个学习任务，应该能达到多个学习目标。

一般而言，学习目标分成三大类：知识目标、技能目标和态度目标。所谓知识目标和技能目标就是完成该学习任务以后能掌握哪些知识和技能；态度目标则是完成该学习任务的过程中要求学生具备怎样的学习态度。

确定好学习目标以后，就应确定学习的难点和重点。之所以要确定重难点，主要是重难点妨碍了学习目标的实现。学习重点和学习难点，很多时候都是重合的。需要注意的是只有属于重点的难点才应该关注，如果这个难点并不是学习的重点，那么不需要花太多的精力去关注。此外，教学重难点确定以后，还应该有具体的解决措施，而并非只是罗列教学重难点。毕竟有了解决措施，重难点才能够被克服。

为了让读者更为了解这一步骤，仍以"商业广告写作"为例说明（见表3.9、表3.10）：

表 3.9　商业广告写作文案的三大目标

目标类型	目标内容
知识目标	理解商业广告的含义和常见类型
	了解商业广告文案的各个组成部分
	掌握商业广告文案的常见写作方法
	能够运用1~2种创意思维进行商业广告文案的写作
	会辨别常见商业广告文案的优劣
技能目标	（重要目标）根据甲方的目标进行广告文案的创作
	能辨别不符合广告法的低俗广告文案
	能写出格式规范的广告文案
态度目标	培养团队协作意识：广告文案创意团队各成员应能通过头脑风暴法完成广告创意的敲定
	有专业精神，不抄袭现有的广告文案
	有社会责任意识，不创作低俗的广告文案

表 3.10   商业广告写作文案的教学重难点

教学重难点	解决措施
商业广告文案创意的产生	1. 提供给学生经典创意广告文案的案例 2. 将学生进行小组分组，鼓励学生使用头脑风暴法，各抒己见，从而产生商品写作文案的创意思维
商业广告文案的写作规范	提供课件、教材给学生先进行自学，让学生针对不同的写作模块进行对应的写作训练

3.3.3   准备教学资源

任何教学过程的展开都离不开教学资源。从宏观上看教学资源分成两大类，一类是硬件教学资源，另一类是软件教学资源。所谓硬件教学资源是指实验材料等设备，软件教学资源主要是指教材、App、视频等非硬件方面的投入。一般而言，硬件教学资源都是由校方采购科进行统筹安排，作为教师更重要的是准备好软件教学资源。

对于非大型理工科实验或以讲授为主的文科教学内容，教学水平的高低取决于老师怎样准备软件教学资源，准备得越充分且有针对性的话，则可以更大程度地提高学生的学习兴趣。因此，准备教学资源也是备课环节中不能忽视的一环。这里值得重视的是，教学资源的准备有可能消耗老师大量的时间。为了提高劳动效率，老师应该善于发现已有的教学资源，比如在互联网或在线课程中已经做好的 PPT、微课等。信息化教学是时代的趋势，而信息化教学的信息化教学资源是根基。

此外，作为一个注重教学质量的高校，应该让同一老师反复教同一门课，这样既可以提高老师讲课的熟练程度，也可以让老师更好地掌握该课程的信息化教学资源。信息化教学资源相当于老师的一个武器，而武器和人之间的协同需要较长时间的磨合。如果老师总是被分配不同的新课程，必然会导致其不能熟练地使用课程的教学资源，从而影响教学效果。

为了让读者更好地了解这一步骤，仍以"商业广告写作"为例列表说明（见表 3.11）：

表 3.11　商业广告写作文案的教学资源准备

资源名称	资源类型	来源渠道
多媒体教室	硬件	学校分配
电子白板、翻页笔、讨论圆桌等	硬件	学校分配
财经应用文写作教程	教材	学校或个人购买
商业广告写作课件	PPT 文档	老师自制
10 个经典的商业广告创作范例	PPT 文档	互联网收集
思维导图	WPS 文档	免费资源
商品广告创意介绍	电子视频	互联网收集
广告法	PDF 文档	互联网收集
中国大学 MOOC（慕课）	手机 App	手机应用商店

从表 3.11 可以看出，并不是所有的教学资源都需要老师自己制作，老师应该充分利用互联网信息资源，这一工作是平时必须积累的。此外，由表 3.11 还可发现教学资源应该是各方面统筹的，既有学校分配，也有老师个人制作，还有互联网收集等。

3.3.4　了解教学活动的类型

设计并实施教学活动是课堂教学的重点。所谓教学活动，就是老师和学生为了达到学习目标而采用的一系列课堂活动。在进行教学活动设计以前，必须先了解有哪些具体的教学活动类型。理解和认识教学活动的类型至关重要，毕竟任务式教学的实施依赖教学活动的合理设计。学生在进行教学活动的过程中，也可以完成老师布置的教学任务。

老师在课堂上类似节目的主持人，节目的顺利开演有赖于主持人掌握合理的结构与顺序，课堂教学也是如此。按照笔者的教学经验以及过去参考的教学资料，比较实用的教学活动一共有 6 种：小组教学、案例教学、问题教学、项目教学、角色扮演与翻转课堂。在教学的设计中，老师需要单独或综合运用上述 6 种常见类型的教学活动。

3.3.4.1　小组教学

小组教学方法是最为常见的教学活动设计方法，也是最受欢迎的教学方法之一。

小组教学相对于传统教学手段而言有很多优点：首先，将学生分成若干个小组进行小组讨论或小组完成任务，能充分发挥和培养学生的团队意识和沟通能力，这种团队意识和沟通能力是学生将来进入职场必不可少的核心素质，其重要性甚至远大于知识本身，属于素质教育的重要一环；其次，相对于传统课堂的老师一对多的教学方式，学生经过小组分组以后进行问题的讨论，小组对问题的理解度和对任务的完成度明显远胜于个人，毕竟团队的力量远高于个人的力量；再次，小组教学具有广泛的适应性，基本所有的学科，无论是社会科学还是自然科学，普遍可以采用小组教学的方法；最后，小组教学不仅能减少老师的教学工作量，也能让学生参与到课堂上来，让学生重新成为课堂的主体。

虽然小组教学的众多优点为很多老师所承认，不过小组教学需要做好精心准备。如果没有进行充分准备，匆忙进行小组教学或课堂上的分组讨论，会导致小组成员参与度不足，或者讨论工作浮于表面，达不到教学的目标。根据笔者多年的教学实践，小组教学开展和实施需遵从如下要点：

（1）最好有圆桌型的教室环境。在教学实践的过程中，你会发现如果小组内的成员能面对面地坐在一起，则讨论的氛围和参与度都会明显提高。由于小组教学适合众多学科，所以学校可以对传统教室进行改装以适应小组教学的需要（如图3.1）。当然，如果小组圆桌中能够配置用于小组间或者小组成员之间的电子文案沟通设备会更完美。随着信息技术的发展，手机互联网突破了讨论的时间和空间限制，即学生可以利用手机或智能辅助教学软件在课堂外进行讨论，不过笔者还是较为希望老师积极组织学生面对面讨论，毕竟线下的参与感远高于线上。

（2）确定合理的小组规模。教学实践表明小组规模有合适的人数范围，过小的小组规模（如2人）不能达到良好的讨论效果，毕竟小组成员数量过少难以达到集思广益；而小组规模过大（如6人以上）则会造成人浮于事，不能够确保小组成员都参与讨论。因此，常见的小组规模以3~4人最为适合。

图3.1　圆桌型的教室环境更适合小组教学的展开

（3）选择合理的分组方法。怎样分组是年轻老师感到棘手的问题。一般而言，自由分组是最为常见的解决方案。自由分组实质是同质分组。教学实践的过程中会发现自由分组的成员往往具有相类似的能力、性别、家庭背景或学习背景，比如在大学里面属于同一个宿舍。自由分组的优点显而易见，就是小组成员之间有更高的合作默契。缺点是小组成员之间往往能力类似，较难做到集思广益和技能上互补不足。因此，按照笔者的教学实践，应该是在自由分组的基础上再加上异质分组。比如，小组分组中不得全部都为男性或女性；小组成员要定期更换，不能总是处于固定的小组成员状态。自由分组在加入了异质分组的元素后，在发挥自由分组的优点的同时又能做到小组成员之间集思广益和互补不足。

（4）分配每个小组成员的角色和任务。小组教学和任务教学原理类似，就是必须确保学生参与课堂，确保课堂的主体是学生而非老师。为了达到这个目的，就必须对每一个小组成员进行角色的界定和任务的分配。

角色的界定因情况而异，不过一般有两个角色是各小组通用的，即检查员和记录员。检查员负责记录该小组内小组成员的工作情况（如表3.12所示），可由小组长担任检查员的角色。而记录员主要是负责将小组讨论的结果或小组工作的结果以文字的方式进行记录、固化。此外，老师也要做好小组学习评价的工作，要定期巡查各个讨论小组的完成情况。如此则可以确保小组内每一个成员都参与到团队工作中来，让小组内的各个成员尽量做到有集体荣誉感，即遇到困难的时候能相互扶持帮助，有教学资源的话能相互分享学习，获得奖项的时候能相互祝贺。

表 3.12　小组成员工作情况记录表

姓名	负责的工作内容	表现等级
张三	记录小组成员发言情况	优秀
李四	制作 PPT 展现广告文案创意	良好
王五	协调各成员之间的合作沟通	一般

（5）小组活动过程中的注意事项。小组讨论和头脑风暴是小组教学中最为常见的两种活动方式。在活动开展前要注意如下几点：

首先，要给学生分发讨论资料。讨论资料包括讨论的背景材料、讨论问题所涉及的知识点等。先让学生提前阅读相关的资料，再进行讨论。保证小组成员在进行讨论前对讨论资料有充分的了解。教学实践表明，小组讨论前没有阅读相关资料，凭学生生活常识进行的讨论，其讨论质量远远低于先阅读相关资料的，头脑风暴也是如此。

其次，讨论活动结束以后，必须要求小组进行讨论结果的汇报，老师对汇报的结果进行点评，学生对点评的结果进行反思，即"三部曲：汇报→点评→反思"。正所谓"学而不思则罔，思而不学则殆"，小组讨论是学生深入研究问题的良好教学方法，但老师必须对学生讨论的结果进行点评，并要求学生进行反思，这样才可以引导学生形成对知识内容正确的理解。否则，讨论结束以后，组长不汇报，老师不点评，学生不反思，那么，小组讨论就会变成浮于形式打发课堂时间的行为。

最后，在进行小组讨论或头脑风暴时，老师应给予正确的引导。比如，小组讨论时出现过多同学沉默冷场的情况，老师应激发学生的讨论热情。小组进行头脑风暴时，老师只需要引导学生就某一个主题尽可能地多发表意见，而不应该对学生的发言内容进行干预。

3.3.4.2 案例教学

案例教学法起源于美国哈佛大学，其原理是通过描述案例，让学生将自己代入某个工作环境的具体场景，尝试解决在特定工作场景中存在的具体问题。案例教学法教学效果极为显著，在管理学和法学教学中尤为常用。对于枯燥的管理学原理和法学条款，如果没有真实的案例让学生代入其中，学生无法体会其知识点的运用。由于案例教学法基本上都要求学生通过讨论处理案例场景中的难题，因此，案例教学也经常结合小组教学进行混合使用。

案例教学法教学效果如何，很大程度上取决于老师挑选的案例。在挑选案例时，建议老师把握如下三个原则：

（1）真实性原则。即所挑选的案例应源于实际工作的场景，而不是老师凭空捏造。学生通过案例进行学习，本质上是希望通过对案例的研究掌握实际解决问题的能力。如果他所研究学习的案例在真实场景中并不存在，那么学生的解决问题能力也无从谈起。因此，基于真实性的原则，各大高校应积极招聘具有企业工作经验的教师进入高校教学，这些富有企业经验的教师实际上也可以将贴合真实工作场景的案例带入课堂。

（2）代表性原则。即挑选的案例应具有代表性。所谓的代表性就是通过这个案例能延伸出众多其他的真实任务场景，在现实生活中有无数的工作案例，不可能在课堂上全部给学生罗列。因此，代表性原则要求教师从中挑出最能举一反三的案例给学生进行分析。让学生能够通过一个案例解决一类工作问题，一方面可以培养学生举一反三的能力，另一方面也能帮助学生提高解决问题的能力。

（3）开放性原则。即挑选的案例的处理办法应该是多维度的，学校考试的答案往往要求具备唯一性，如某个题目的正确答案是某个选项。不过真实的工作环境，即便是相同的问题，处理方案也可以是多样化的。比如同样是感冒，不同的医生开出的药方可以是完全不同的，但都能治愈感冒。因此，在案例讨论中要注意该案例的解决方案应具有开放性原则。这样有利于引导学生的发散思维，让学生从多个维度尝试解决问题。如果你的案例有具体的图片，也可以通过多媒体教室进行图片展示，这样更能让学生代入其工作场景，尽可能避免纯文字和数字的罗列。

为了达到案例教学的良好效果，案例挑选完以后，往往要求学生进行分组讨论。对于案例的分组讨论应把握如下三点：

首先，应提前发放案例等教学资料给学生进行研读。让学生就案例材料在网络搜索相关资料，对学生进行分组，分组以后学生要就案例的情况进行深入讨论。

其次，当各个小组就案例的分析得到明确结论以后，每组必须选派代表进行案例分析结论的陈述，并且接受其他小组成员的咨询，并就咨询提出解释。这也是最重要的一步，学生先是经过内部讨论，然后又经过小组之间的相互讨论，能够对案例产生深刻认识，并就案例的疑问点进行研讨。因此，在挑选案例时必须具备一定的复杂性。过于简单的案例，就没有必要进行如此郑重其事的讨论。一般而言，这种深入型的讨论都适合病情复杂的医学案例、线路逻辑复杂的工程学案例以及案情错综复杂的法学案例。

最后，老师应在讨论结束以后就学生讨论时存在严重分歧的几个问题给予正确的引导，提供处理办法。在学生进行讨论的过程中，老师更多的应是饰演主持人的角色，不要急于告诉学生正确答案，毕竟学习研讨的过程才能够让学生真正学到知识。

3.3.4.3　问题教学

问题教学法最早起源于古希腊苏格拉底。早在苏格拉底教学生知识的时候，他就喜欢顺着学生的思路步步发问，直到学生遇到无法解决的问题为止。苏格拉底这样做的原因主要是要激发起学生解决问题的动力，同时也让学生看到知识最后的落点是解决某个或某一类根本性的问题。

现在，我们往往习惯于沉浸在各种问题的答案之中，而忘记问题本身的意义。这就好比在你小时候，老师直接告诉你下雨的原因，而忽视你对下雨现象的好奇心。然而真正认识世界的过程是以问题作为导向的，能够提出一个好的问题，往往比记住正确的答案重要很多。这就好比当年物理学家牛顿先是对苹果落地的问题产生疑问，从而推导出万有引力理论。如果你只是记住万有引力理论，而忽略了苹果落地问题，那本质上也只是刻舟求剑。因此，在平时教学的过程中，应该积极引导学生提出一个好问题。而问题教学法就是帮助学生回归到认识世界的过程。

表 3.13 展示了某高校开展的一门专业课"园林植物病虫害防治",通过表格可轻松发现传统的按章教学与问题教学之间的联系和区别。

表 3.13　按章教学与问题教学之间的联系和区别

按章教学	问题教学
第 1 章　园林植物病虫害的识别	你在校园中经常看到哪些病虫害？
第 2 章　园林植物病虫害的发生规律	这些常见的病虫害有没有一些规律，比如经常在某个季节或某些特定的地方出现？
第 3 章　园林植物病虫害的综合防治	如果校园要除掉这些病虫害，请问有哪些方法？

可以发现，真正好的教学方法应该是从问题出发，引导学生研究和解决问题，而并非直接按章节告诉学生结论，并且要求他记住结论进行考试。真正需要让学生掌握的知识应该是学生通过主动"发现问题→研究问题→解决问题"从而整理出来的知识。

3.3.4.4　项目教学

早在 17 世纪，罗马建筑学院就开始了项目教学的实践。当时的建筑学学生，在学习完相关的建筑理论知识以后，被要求根据老师设定的设计规则完成一个建筑设计作品。这一教学过程可以看作是项目教学的雏形。后来不光是建筑学，就连中小学也开始使用项目教学这一形式。项目教学现在已经在各层级的教育体系（基础教育、高职教育、高等教育）有广泛的实践应用。

项目教学之所以受到学生和老师的欢迎，主要是符合现代实用主义的思想。学生在完成项目的过程中，往往能解决企业实践中的若干个问题。而且学生在完成项目教学以后，会有一个成型的作品，这也会给学生带来很大的成就感。之后如果学生对已成型的作品进行进一步的改良，有可能在将来就业中形成优势，这种不断改良产品的做法也符合现代企业的实践。

在进行项目教学时有两个常见的疑惑点如下：

第一，项目教学和任务教学有什么样的区别？项目教学要求教学过程完成以后有可交付的产品（可以是有形产品，如某商品雏形；也可以是无形产品，如方案、图纸等），而任务教学则不要求一定要有可交付的产品。任务教学只是要求学生在学习的过程中要带着一个任务，学习完成以后要求任务被完成，而任务本身可以看作是"做了一件事"，做完这件事以后不一定有可交付的东西。

表 3.14　项目教学和任务教学之间的联系和区别

活动	类型	解释
拍摄一个短视频	项目教学	有可交付的产品（短视频）
观看一个短视频	任务教学	没有可交付的产品
观看一个短视频并写出观后感	项目教学	有可交付的产品（文档）

从表 3.14 可以看出，任务教学和项目教学之间是可以轻松进行转换的。如果老师只是要求学生观看一段短视频则是"任务教学"，如果要求观看以后写出观后感，就变成了"项目教学"。

第二，项目教学和问题教学有什么样的区别？项目教学的核心导向是要求学生要有可交付的一个产品，而问题教学更加强调的是学生要提出一个好的问题或者沿着老师设定的问题进行思考，而问题最终的答案往往是一个结论。当然，跟项目教学与任务教学相类似，问题教学和项目教学之间也是可以轻松进行转换的。比如，当你要求学生思考"为什么政府会产生贪污腐败问题"，这就属于"问题教学"；然后要求学生就思考得出的结论，做出"一个防止政府贪污腐败的管理方案"，这就属于"项目教学"。

在了解了任务教学、问题教学、项目教学之间的区别和联系之后，笔者认为在日常的教学实践中，对于理工科宜使用项目教学的方式，而对于思政等社会科学类的课程则使用问题教学或任务教学更为适合。因为前者往往有严格约束条件（比如要求学生制作一个短视频，老师会对短视频的时长、字幕、背景音乐、内容都有所规定），学科的特点也决定了其能交付出具体的产品；而后者更加强调的是对问题的思考，若强加约束条件，反过来会成为思考的束缚，不利于学生思维能力的培养。

3.3.4.5　角色扮演

角色扮演起源于美国，当初使用这种方法是用于心理治疗，后来被用于教学，同样获得良好效果。角色扮演也有点类似话剧表演，即邀请学生在模拟的场景下扮演某个角色完成任务，比如让学生模拟在会展中心作为会场工作人员怎样接待来宾，或者模拟在法庭场景下饰演被告方辩护律师等。

角色扮演最大的优点是让学生在模拟的场景里面处理出现的各种问题，能够做到一定程度训练学生真实场景下处理问题的能力，让学生参与课堂的教学活动，改变以往的"满堂灌"的教学方法，提高学习者对学习内容的兴趣。

下面以大学选修课程"求职面试礼仪"为例讲解角色扮演教学活动设计应掌握的要点。整体而言，角色扮演的教学设计一共包含四个主要步骤：确定通过角色扮演达到何种教学目标→确定角色扮演中学生扮演的角色→确定角色扮演中不同角色的脚本并进行表演→总结评价。具体教学活动设计的内容如表 3.15所示：

表 3.15　"求职面试礼仪"角色扮演教学设计

步骤	实施模块	教学活动
1	确定通过角色扮演达到何种教学目标	通过角色扮演让学生领会并掌握求职面试过程中的基本礼仪和基本技巧
2	确定角色扮演中学生扮演的角色	角色扮演中学生4人分为一组：一人为面试官，一人为应聘者，一人为记录员，一人为观察员
3	确定角色扮演中不同角色的脚本并进行表演（老师需从中观察学生的表演细节）	（学生需根据老师下列要求设计对话）"面试官"主要提问的内容包括：应聘者是否理解职位的职责和基本要求，应聘者是否有团队协作精神和抗压能力等；"应聘者"主要回答的内容包括：展现自己的专业特长和业务能力，展现团队协作精神和抗压能力等；"观察员"主要观察的内容包括：面试官和应聘者入场和打招呼就座的方式是否符合商务礼仪、应聘者在自我介绍和回答面试官不同类型的问题时存在的优点和不足、面试官能否通过对话了解应聘者是否具备本公司所需的业务能力和综合素质等；"记录员"主要记录的内容包括：面试官的提问和应聘者的回答等
4	总结评价	老师对整个角色扮演的过程应针对性地进行评点，相对于之前面面俱到的课堂授课，评点更能使学生认识面试过程中应掌握的提问和回答问题的技巧等

3.3.4.6　翻转课堂

翻转课堂（Flipped classroom）起源于美国，是一种颠覆传统课堂教学的方法，凭借其良好的教学效果逐渐在世界各地尤其是我国高职院校流行起来。

翻转课堂的故事起源于 2007 年的时候，美国两位高中老师发现有一些学生因为各种原因（比如恶劣的天气，或者必须参加其他的一些活动等）错过了正常的教学，老师便思考如何让学习进度被耽误的同学补课。再找时间和地点给这些学生上课不太现实，一方面这样的事情经常发生，另外一方面这种补课的做法也给老师增加了很多的工作量。这两位高中老师决定用录屏软件结合 PPT，将制作好的教学视频上传到网络，学生通过下载老师制作好的教学视频，从而轻松补回之前没有上过的课。后来，老师在这个基础上进行了改良。学生在课前利用老师提供的网课资源先自主学习，自主学习以后完成老师布置的学习任务（如课后作业等），老师再根据学生完成的课后作业情况，了解学生在学习的过程中可能遇到的知识难点。最后在上课时再针对课后作业中反馈的知识难点开展课堂教学，比如对知识难点进行讲解，针对知识难点再设置新的练习题，让学生进行练习。

从上述翻转课堂的教学过程不难发现，翻转课堂的教学过程刚好跟传统教学是相反的：翻转课堂是学生提前学习并完成老师布置的作业，课堂教学的过程中，主要是老师结合学生完成作业时反馈的知识难点进行知识讲授。传统教学则是先在课堂上讲授知识点，然后再布置作业让学生回去做练习。可以看出翻转课堂和传统教学之间的区别：前者是"讲授知识→布置作业"，后者是"布置作业→讲授知识"，整个过程刚好相反。

不过，千万别小看这个相反的教学过程，翻转课堂因为实施了相反的教学过程，从而在很大程度上调动了学生的学习积极性。站在学生角度而言，以前学生总是被动接受老师讲解的知识点，也就是带着耳朵听课。翻转课堂要求学生先进行自主学习，然后根据自己新学习的内容完成作业，这样调动了学生的积极性，训练了学生自主学习尝试解决新问题的能力。站在教师角度而言，以前教师总是事无巨细地进行知识讲授，并不知道学生学习该知识点可能遇到的难点，而翻转课堂由于要求老师先观察学生完成课堂作业的情况，了解学生知识点掌握的薄弱处，然后再针对该薄弱的地方在课堂上进行讲授，属于私人定制化的教学，很大程度上提高了讲授知识的针对性。

在教学实践中，有三点是老师在翻转课堂教学过程中经常遇到的问题，解答如下：

（1）是不是所有的课程内容都适合使用翻转课堂的教学模式？

不是。翻转课堂的教学模式对教学内容有一定的要求，如果老师觉得某课程内容学生进行课前自主学习的难度非常大（比如高等数学、大学物理等），则不适于使用翻转课堂的教学模式。如果新课程的内容难度比较大，老师依然要求学生进行课前学习，则会很大程度上打击学生的学习兴趣。

（2）翻转课堂的"课前学习"与传统教学的"预习"有何区别？

"课前学习"不等于"预习"。"课前学习"带有学习任务的要求，学生学习完该知识内容后要完成相应的课后练习；"预习"往往不带有学习任务的要求，只是希望学生在进行下一堂课的学习前先了解内容，以降低学生听课时的学习难度。在教学的过程中，学生由于经过了翻转课堂的"课前学习"，老师在授课的过程中并不再从头到尾地将知识点讲一次，而是根据学生课后练习反馈的知识难点进行针对性的讲授；而学生经过了传统教学的"预习"，老师依然会从头到尾将知识点讲一次。

（3）翻转课堂的"课前学习"必须要求学生先自学网课吗？

先让学生课前进行网课视频的学习是翻转课堂常用的教学手段之一，但并不要求老师每一节课的内容都必须录制视频教学内容。毕竟课前学习的方式应该是多种多样的，进行视频课程的微课学习只是其中一种。不能忽视培养学生阅读教材的能力，因为阅读是所有学习的基本功，学生要具备阅读纸质版教材的能力，将来社会的新知识并不会总以视频的形式出现，要求学生阅读纸质版资料，上网搜索相关知识点的讲解，也是翻转课堂"课前学习"的重要组成部分。

3.3.5 设计教学活动

为了实现学习的目标，最重要的教学活动是老师组织并引导学生完成学习任务，这也是任务教学与传统课堂授课最大的区别。传统的授课模式主要是让学生"听中学"，而任务教学主要是让学生"做中学"。

"做中学"和"听中学"最大的不同：前者学生是课堂参与的主体，后者老师才是课堂参与的主体。显然，"做中学"能够收到更好的教学效果。因为"做中学"要求学生完成具体的任务，在具体任务的驱使下能自觉筛选和主动吸收相关的知识。传统的课堂教学很难点燃学生的学习激情，毕竟学生不是课堂参与的主体，他只需要坐在位置上静静地听，就可以完成课堂任务。而任务教学倒逼学生必须完成学习任务，从而让学生聚焦课程的知识点。

为了让读者更为了解这一步骤，仍以"商业广告写作"为例列表说明商业广告写作文案的教学活动应如何设计（见表3.16）：

表3.16　商业广告写作文案的教学活动设计

任务内容	任务评点
利用手机 App（超星学习通等）进行签到 （签到时间限定在 2 分钟，超时则签到功能自动关闭）	手机签到能减少老师花在考勤上的时间
［任务1］邀请同学说出他印象最深的一个商业广告，并且说明为何对该广告印象深刻	活跃课堂气氛，使学生之间相互熟悉和交流起来
老师说明本次课程学习需完成的任务，并进行必要的讲解	完成课堂预热以后，需对任务教学进行任务布置

（续上表）

任务内容	任务评点
［任务2］阅读教材，了解广告的两个基本知识点（什么是广告？一个完整的广告应该包含哪些主要的组成部分?）	让学生完成基础知识的学习（人文社科基础知识，学生很多都能自学），这种做法有利于培养学生的自主学习能力
［任务3］在中国大学 MOOC 完成老师布置的随机测验2道客观题（关于刚才广告的两个基本知识点）	通过信息化教学能快速测试学生掌握基础知识的情况（教学辅助软件自动批改客观题，能将学生掌握基础知识的情况快速反馈给老师）
［任务4］观看一段商品广告视频，请小组同学将该视频写成广告文案	学生根据现有案例写出广告文案，先熟悉广告文案写作的基本过程
［任务5］参考10个经典的广告文案案例（老师提供），以小组为单位完成一个广告文案创作	让学生在学过基础知识以后，动手自己创作一个广告文案，做到学以致用
［任务6］各个小组将自己的广告文案做成 PPT，向全班同学进行展示，并且将各个小组的广告文案选项放在 WPS 端，让同学们进行投票	一方面可以让学生锻炼在公共场合的表达能力（这也是将来进入职场必需的技能），另一方面让同学们就广告文案进行投票，可以激发学生的好胜心，从而积极创作出优秀的作品
老师就得票率最高的作品进行评点	任务教学并不是让学生完成任务以后就结束，老师依然要针对学生完成任务的情况进行针对性的评点，它既不像过往老师在课堂包办一切，也并不是放任自流

3.3.6 设计课后作业（学习评价）

在教学结束以后，老师们都有一个疑问，就是学生学得怎么样？一般而言，这种对学生完成学习任务后的学习效果的检查，我们叫作学习评价。

学习评价是教学活动的重要一环。站在老师的角度而言，如果学生普遍学得不太好，那么老师应在下一次课堂教学的过程中调整教学策略，换言之，学习评价会影响教师下一步的教学行动。教师需要同时评估每一个学生的学习情况，这样可区分哪些学生是相对优秀的，哪些学生相对学习能力一般。综合的结果反映在学习成绩上，不同的学习成绩可以为后面企业筛选不同能力的学生作为公司员工提供参考。因此，学习评价是教学过程中必不可少的环节。

设计课后作业或期末考试是进行学习评价的常见手段，当然考核的方法有很多种，但是一般课程的学习以课后作业作为最常见的评价手段。那怎样设计课后作业才是科学合理的？课后作业的设计，并不是课堂上随便布置几道题那么简单，一个良好的学习评价策略要求课后作业的设计应该是精心准备的。如下几个问题，老师在设计作业时应该予以思考，这对教师科学设计课后作业及课后作业的批改是很有帮助的。

（1）该课后作业的目的是巩固练习还是创新应用？

对于理论课的教学，往往是希望同学记住某些知识点，此时设置课后作业的目的就是巩固练习；但对于实操课的教学，往往是希望学生学习完该知识点以后懂得运用该知识解决问题，此时设置课后作业就是为了创新应用。

一般而言，巩固练习的课后作业设计是相对较为简单的，对教材相关知识点进行挖空，要求学生做几道填空题或者简答题，都能够检查学生是否记住某些知识点；创新应用的作业则较难，因为它要求学生运用所学的知识解决新问题。而问题解决本身尤其是真实企业产生的问题，一般都是综合性的，或者是跨界的。新的问题往往涉及新的知识点，这些知识点有可能是老师从来没有教过学生的。不过，如果学生能够完成创新应用型的作业，则说明该课程的终极目标已经达到。只是创新应用型的作业往往是较多学生不能完成的，因为学生在初次学习的过程中，往往只是记住了某些知识点，或者只会简单套用某些知识点去解决单一的某类问题。当考核时出现新的任务问题，学生有可能就不会作答了，这会影响老师的学习评价，认为学生其实学得并不好。

因此，一个良好的课后作业的设计应该是既要有部分题目是巩固练习，还要有1~2道属于创新应用。如果巩固练习的作业完成得很好，而创新应用的作业完成得不太好，这说明学生可能只是记住了知识点，但很难应用所学的知识解决新的问题。

（2）该作业是小组作业还是个人作业？

一般而言，小组作业能够发挥小组成员集思广益的特点，其作业的质量会优于个人作业。不过前提假设是各个小组成员都有明确的任务，否则小组作业就会变成少数同学的作业。因此在布置小组作业时，必须明确每一个小组成员都有具体的任务，小组作业还应该让每一个组员都参与到答辩中来，这样有利于老师审查每个小组成员作业完成的情况，避免同学之间出现"搭便车"的现象。个人作业则可以减少"搭便车"的问题，不过个人作业往往只是考虑到事情的某一方面，不利于培养团队协作精神。考虑到将来的竞争往往是团队之间的竞争，将来学生面临的工作任务往往是综合而且复杂的，因此，尽管小组作业存在"搭便车"的问题，还是建议老师优先考虑小组作业的方式。

（3）怎样控制作业时长？

一般而言，过短的作业时间和过长的作业时间都是不适宜的。过短的作业时间证明作业的难度过小，不利于检查学生掌握知识点的程度；过长的作业时间则会造成学生的厌学情绪。毕竟从培养学生的角度来看，培养学生对该课程的兴趣比学习课程内容更重要，课程内容是与时俱进的，学生能够从大学课程学习中激发出对学习内容的兴趣，教师在教学中充当启蒙老师的作用是最为关键的。值得提醒的是，作业时间还跟作业的形式有关系。如果是小组作业，则作业时间一定要相对较长，这样才能够使每个学生都参与小组作业。如果布置的是小组作业，作业时长却很短，则小组作业必然变成个别同学的作业。

（4）什么时候布置作业？

传统的教学习惯都是课后布置作业，理由是老师讲授完课程知识以后，学生已经听完老师的讲述，再完成作业。如果学生没有听取老师讲授的知识点，怎么能完成作业呢？这个是典型的教学误区，理由是低估了学生的自学能力。建议老师优先考虑上课之前就布置作业，这样就可以让学生对即将到来的教学产生期待，形成学习的动机。这实际上也是最近这些年"翻转课堂"教学改革的成果。

（5）怎样科学批改作业？

批改作业往往是令老师较为头痛的问题，但是老师及时批改作业，能够及时了解学生的知识掌握情况，对后续教学策略的调整还是很有帮助的。不过，在实际的工作中，老师们要忙着备课、上课，还要抽出时间批改作业和照顾家庭，这显然会带来较大的工作负担。

那怎样才能够及时批改作业，而且又能一定程度上减少老师批改作业的工作量呢？有两个建议：一是利用手机 App 等辅助教学软件。对于客观题（选择题和填空题），只要学生输入答案，App 会帮助老师们进行自动批改，从而有效减轻老师批改作业的负担；二是可以用"抽改 + 小组代表批改"的方式。对于主观题，智能辅助软件不能帮上忙，这个时候老师可以从班里随机抽取若干份的作业进行仔细批改，然后分成若干个学习小组，让学习小组代表参照老师已经改好的主观题范本进行批改。这样不仅能减轻老师批改作业的负担，还能激发学生的学习兴趣，学生在当"小老师"的过程中也能进一步巩固知识。

为了让读者更为了解这一步骤，仍以"商业广告写作"为例说明（见表

3.17）：

表 3.17　商业广告写作文案的课后作业设计

作业内容	设计意图
［作业 1］在中国大学 MOOC 完成老师布置的随机测验 10 道客观题	通过辅助教学软件快速检查学生掌握基础知识的情况
［作业 2］请学生先组建 4 人小组，小组就校园生活里某一具体商品设计广告文案，并上传至移动学习 App	学生正确掌握广告文案基础知识以后，要利用课堂已学知识解决身边遇到的具体问题，做到理论联系实际
［作业 3］请学生在 WPS 上填写 5 道关于课堂教学效果的调查问卷	收集学生对本次任务教学的建议和意见，有助于老师进行课后反思

3.3.7　进行课后反思

《论语·为政》曰"学而不思则罔"，说明了思考的重要性。很多时候教师精心准备教学过程的各个环节，希望提高自己的教学能力。站在老师自己的视角来看，尤其是该老师如果曾经获得某些教学奖项，他会觉得自己各个教学环节甚是完美。然而教学水平的提高永无止境，尤其是站在学生的角度，设计得再完美的教学过程，也有可能存在纰漏。因此，必须进行教学后的反思。反思的目的就是让教学的过程更加贴近学生的实际。从这个角度而言，课后作业的布置与批改也是老师进行课后反思的重要手段之一。

那么，怎样才可以让自己的教学能力更进一步，怎样才能发现自己在教学过程中无法察觉的问题？答案就是依靠学生和你的同事。正所谓"不识庐山真面目，只缘身在此山中"，要发现教学中存在的问题，依靠他人进行观察会是一个捷径。因此，建议进行教学效果反馈问卷调查，请你的同事或你所教的学生进行填写。通过反馈问卷，能一定程度上意识到你有哪些有待改进的地方。

为了让读者更为了解这一步骤，仍以"商业广告写作"为例说明，当然该问卷的几个问题也适合其他学科。同时，为了方便学生或同事积极参与问卷调查，建议使用手机 App 进行问卷的发放和填写，在此推荐 WPS 的"统计表单"功能（见图 3.2）。

图 3.2　WPS"统计表单"的启动方式

　　将统计表单发放到微信群或发送给他人，就能够让其在手机上轻松填写教学反馈问卷。而且 WPS 还提供了基础的统计分析功能，比如对各个投票选项的统计等。

　　问卷的内容可设计如下，读者也可以在互联网找到更多资料。

老师课堂设计的活动你是否喜欢参与？

A. 非常喜欢　　　　　B. 喜欢　　　　　C. 一般喜欢　　　　　D. 不喜欢

老师讲课的内容是否总是让你满意？

A. 很满意　　　　　　B. 满意　　　　　C. 一般满意　　　　　D. 不满意

你对该课程有什么建议？（主观题）

4

以赛促学

——让学生爱上学习

◆ **4.1** 学生专业技能比赛

学生专业技能比赛分为两个大类，一类是由教育部牵头组织的"全国职业院校技能大赛"系列赛项，或由地方教育厅等政府部门举办的当地职业院校技能比赛。另一类是由各专业教育指导委员会或其他企事业单位主办的全国性或地方性的行业类竞赛。从赛事级别上来看，全国职业院校技能大赛（即"国赛"）无疑是级别最高、专业性最强，也最具有竞争力的赛事，其次是各省级政府主办的技能竞赛（即"省赛"）。因此，本章以这两类赛事为主展开讨论，其余的学生技能比赛可参照此赛项进行备赛。

全国职业院校技能大赛在 2010 年首次进入国家级职业技能竞赛系列，成为国家级一类竞赛。办赛主旨是加快构建现代职业教育体系，深化"三教"改革、"岗课赛证"综合育人，促进职业教育高质量发展，以培养更多高素质技术技能人才、能工巧匠、大国工匠。经过多年赛事积累，全国地区职业院校和管理部门积极参与，国赛已经发展成为专业覆盖面最广、参赛选手最多、社会影响最大的职业院校技能赛事。在 2021 年的比赛中，共设置了 102 个赛项，其中高职组 82 项，中职组 40 项，让众多职业院校的学生获得了在全国性的比赛舞台上展示自己专业技能的机会。

图 4.1　全国职业院校技能大赛赛标

比赛的参与者是学生，但指导老师也发挥了至关重要的作用，可以说没有优秀的指导老师，学生能取得优异成绩的概率微乎其微。那么我们应该如何做好学生技能竞赛的指导工作呢？本章将从选拔学生，到指导训练，再到参加比赛，进行备赛全过程的叙述。

4.1.1　选拔学生的"三个维度"

全国职业院校技能大赛一般在每年 5 至 6 月举办，而参加全国比赛的队伍都是由各省、自治区和直辖市推荐，即在省级的对应比赛中排名最靠前的队伍，才能获得参加国家级比赛的资格。各省的比赛时间由省比赛委员会自定，大部分在每年的第一季度完成，因此，我们需要提前布局准备比赛，以取得国赛一等奖的指导老师经验来看，至少需要提前一年部署，即在国赛前一年的暑假之前，开始进行选拔学生的工作。当然，在选拔学生之前，需要确定好指导老师团队，对比赛内容和标准进行研究，并准备好学生训练所需的场地和物资，做好比赛宣导等前期工作。选拔学生需要从多方面进行考量，这里重点探讨以下三个关键维度。

4.1.1.1　扎实的技能基础

选拔学生首要关注的是技能基础，这一点是毋庸置疑的。如果将比赛的内容进行划分，我们可以发现，大部分的赛项都是由理论知识和实操运用组成的。根据比赛本身的标准要求，有的比赛将这两部分划分得比较清晰，如导游服务比赛，有的则将知识和技能的运用融合在一起，如珠宝玉石鉴定比赛，但几乎没有只考查其中某一类的比赛。两个赛项的 2022 年全国大赛内容如表 4.1 和表 4.2 所示。所以这里所说的"技能"不单单指动手实操方面，也包括理论基础知识。

表 4.1 2022 年国赛导游服务赛项比赛内容

序号	比赛内容	权重
1	导游知识测试	15%
2	现场导游词创作及讲解	30%
3	自选景点导游讲解	35%
4	导游英语口语测试	10%
5	才艺运用	10%
6	总计	100%

表 4.2 2022 年国赛珠宝玉石鉴定赛项比赛内容

序号	比赛内容	序号	比赛内容
1	宝石晶体原石鉴定	7	放大检查
2	折射仪测定	8	偏光性观察
3	可见光吸收光谱观察	9	滤色镜观察
4	相对密度测定	10	红外光谱观察
5	多色性观察	11	钻石的净度分级及切工比例估测
6	紫外荧光观察	12	珠宝玉石定名

对于三年制的学生，通常我们会在大一的学生中进行选拔，也有一些院校会选择大二的学生，因为他们的经验积累会更好一些，但是大二的学生在参赛积极性和训练时间集中度上不如大一学生。有些省级的赛项规定每个院校可以推选一支以上的队伍参加，以给予更多学生参赛的机会，在这种政策下，部分院校会选择不同年级的学生分别组队参加，这样可以综合两个年级学生各自的优势。

按照前文所述，应在暑假之前启动选拔工作，那么即使是大一的学生，也已经基本要完成第一学年的课程了。为了让学生具备一定的技能基础，在制订人才培养方案时，就需要考虑课程设置的合理性，研究与本专业相关的省赛和国赛要求，将最需要的、相关度最高的课程安排在最初的两个学期，同时，这些课程的成绩也可以作为选拔学生的参考。

最直接和有效的选拔方式，是按照前一年省赛或国赛的标准，举办校级选拔赛，筛选出比赛成绩靠前的学生。如果在客观条件上无法达到国赛标准，可以挑选最核心的部分作为校级选拔赛的内容。选出的学生数量应多于最终报名的学生数量，因为除了校赛成绩以外，还需要综合其他因素进行评判，同时还要考虑后期有学生主动退出的情况，所以需要保留好预备队员。

另外，随着"3＋2"学制改革和高职扩招政策深入，更多的中职学生进入高职院校中。中职学校同样有学生技能省赛和国赛，已经在中职参加过类似比赛的学生，在实操技能上往往占有优势，但在理论知识方面或有欠缺，他们也是值得关注的参赛选手群体。

4.1.1.2　强烈的参赛意愿

学生的参赛意愿其实并不是与生俱来的，而是可以通过一些方式进行培养的。社会上形成良好的比赛氛围，学校和专业给予优厚的政策支持，以及老师和往届参赛学生的积极宣传，都可以激发学生的参赛欲望。我们可以看到有些学校的比赛氛围非常热烈，参加校内选拔赛的学生熙熙攘攘，竞争也很激烈，在这样的情况下选出来的学生可以说已经"赢在起跑线"了。但有些学校可能连组建参赛队伍都比较困难，这和学校本身的基础条件及重视程度有很大关系，但作为指导老师，我们仍然可以从自身方面来努力，多带比赛，加强宣传，提高学生的参赛积极性。

我们可以采用两种方法来了解学生的参赛意愿，一种是"谈话法"，一种是"考验法"。

（1）谈话法。顾名思义，谈话法就是通过和学生面对面地交谈去掌握他们的想法。我们会和所有的预备队员进行谈话，了解他们想要参加比赛的原因、目前的学习状态、对比赛的认知程度、克服困难的决心等，告诉学生备赛期间要做的事情，大致的日程安排，还有他们目前的薄弱之处和进步方向，尤其是要将比赛可能遇到的各种困难和挑战向其说清楚，甚至需要适当夸大一些。最重要的是，让学生清晰地认识到准备比赛将是一件非常辛苦的事情，形成正确的心理预期。前辈们所有的成绩也都是这样通过艰苦奋斗得来的，不能只看到最后取得奖牌时人前的辉煌，须知没有人能轻易地成功。如果学生前期对比赛的困难认识不足，后面就很有可能经受不住压力而萌生退意。通过学生谈话的状态，我们可以大致推断出其是否有意愿留下来参加训练。

（2）考验法。根据以往经验，很多学生会在谈话时表示自己愿意参训，但事实是否真的如他所说，就需要用到"考验法"来验证了。暑假期间是一个很好的考验期，因为学生都回家了，脱离了老师的管控，这个时候正好可以用来测试他们的自我管理能力。在暑假前，我们会给学生们布置与比赛相关的任务，并告诉他们下学期开学后，马上就会进行测试，并淘汰一部分学生。但我们不会在暑假期间去进行任何监督或检查，其目的就是考验学生的自觉性、毅力与恒心。参赛意愿强烈的学生，即使没有老师督促，也会做好规划，勤加练习，因为他们非常重视这次参加比赛的机会。通过开学后的测试，我们常常能明显看到，一些之前在选拔赛中排名相对靠后的学生，通过自己暑期的努力，进步很大，赶超了那些排在他们前面的同学。

谈话法和考验法可以交替进行，考验的方式也可以多种多样，我们需要把握的原则是，学生的参赛意愿往往比技能基础更重要。一些基础较好的学生，如果没有表达出强烈的愿望和决心，没有顺利地通过考验，也不必强留，因为技能可以经过后期训练大幅提升，而个人意志却很难通过外部力量强行干预。

4.1.1.3　良好的身心条件

选拔学生的第三个维度是考察他的身心情况，有的学生技能基础不错，参赛的意愿和决心也有，但客观条件存在问题，比如心理承受能力或身体状况不佳，或者已经参加了其他的一些重要项目会占用较多时间和精力，他的身心条件无法同时负荷这些活动带来的压力。对于以国赛为目标的学生来说，在备赛期间，几乎除了上课和休息等必要活动以外的时间都会用来进行训练，参加其他课外活动和娱乐的时间非常之少。因为国赛的竞赛内容多，操作难度大，需要耗费大量的时间和精力，专注地投入训练中。

学生的身体条件是一项客观指标，我们通过观察和询问，以及查看体能测试成绩，可以知道他们的体质状况。当然我们不需要他们是运动健将，但至少健康状况要良好，不能是长期服药或者三天两头请假去医院，这样会给训练计划带来很大的影响。

心理素质是另外一个重要的考量因素，这里主要是指抗压能力、乐观积极的态度、自我心理调节能力等。在备赛时，学生总会遇到困难和失败、进步和成功，还有一些始料未及的突发事件，如果不能很好地调节自己的情绪，做到胜不骄败不馁，保持一颗豁达而坚定的心，是很难熬过长期训练所带来的痛苦、烦闷和负面冲击的。有些学生本就活泼开朗，只需要适当引导，还有些学生沉稳内敛，不太愿意与人沟通，就需要指导老师多加留意，保持学生的心理健康。

4.1.2　指导老师的"四个角色"

指导老师的职责不仅仅限于"指导"二字，尤其是对中高职院校的学生而言，他们的训练情况和比赛结果与老师的付出程度是密切相关的。事实上，从选拔学生开始，一直到最后参加比赛，指导老师需要全程参与甚至主导，要时刻保持紧张，为学生的成绩提升主动出谋划策，安排好所有相关事务。正是因为老师的任务繁重，比赛规则一般允许两位指导老师共同带队，这样老师间可以相互协调，合理分配工作，承担起不同角色的责任。

4.1.2.1 竞赛事务负责人

在成为省赛或者国赛的指导老师之前，我们一般会先尝试带学生参加相对简单、参赛门槛稍低的行业类竞赛，以积累指导比赛的经验。同时，可以向以往的省赛和国赛指导老师学习，以"指导助手"的身份参与到比赛指导活动中，了解指导老师的工作内容，掌握指导学生的方法和技巧。另外还有一项具体的前期准备工作，就是研读比赛的相关文件，尤其是往期的竞赛规程。虽然每年的竞赛规程会有所变化，但最核心的内容大体上是相似的。而且若国赛和省赛都设置了某一赛项，对应的省赛基本会参照前一年的国赛内容进行设置，所以我们一定要弄清楚国赛的参赛资格规定、比赛项目、评分标准和比赛要点，这也是选拔学生和平时训练最重要的指导性内容。

其他的事务性工作包括依照学校的竞赛管理规定，向学校报备参赛；时刻关注省内和全国的比赛通知，加入指导老师的线上或线下组织，及时查看通知，完成比赛报名、信息提交和修改、比赛事项确认等事宜；参加与比赛相关的会议和培训等；负责比赛结束后的成绩上报、新闻稿撰写、比赛总结与汇报等。总之，指导老师是比赛事务的全权负责人，需要处理的事项稍显繁杂，指导老师要秉持认真负责的态度，在规定的时间内完成，切忌因为自己的疏忽大意错过了提交资料的时间，造成不必要的麻烦甚至是严重的后果。

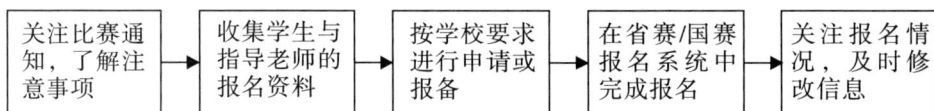

图 4.2　技能竞赛报名事务流程图

4.1.2.2 技能指导专家和监督者

我们在选定指导老师或者对老师进行培训的时候，常常会纠结一个问题，到底要不要将老师自身技能水平高超作为一项重要的指标呢？或者要不要着重去培养老师的实操技能呢？其实这个问题可以从两方面来看，一是老师本身的岗位，二是指导老师的身份定位。

（1）关于老师本身的岗位问题。

如果是专业课老师，那么老师的专业技能水平本身就是其应当具备的基础素质之一，在平时的教学工作中，也应该注重提升自己的实践技能，而不是为了带比赛而临时抱佛脚。当然，同一个专业可能细分了众多不同的研究方向，老师的技能特长也不一定和比赛内容完全对应，但同一个专业总有相通之处，尤其是在理论知识方面，几乎是没有什么障碍的。所以专业老师可以发挥自己的基础优势，并针对薄弱的环节加以训练，最直接的方法是参加教师技能培训，或者通过教授与比赛内容对应的课程来进行提升。

除了专业课教师以外，有一些学校会选择辅导员或者教务员作为指导人员，这些老师在管理学生和服务学生方面更有经验和能力，但在专业技能上有所欠缺，无法有效提升学生的竞赛成绩。所以我们不能将两位指导老师的名额都给到辅导员或教务员，通常的做法是全部选择专业课教师，或者两者搭配。在技能训练方面由专业课老师主要负责，辅导员或教务员承担其他适当的角色，双方协调分工、互相配合，是比较合理的做法。

（2）关于老师身份定位的问题。

诚然，我们希望老师的技能水平高超，如果指导老师能达到国赛一等奖的水准，又深谙比赛的技巧所在，那自然是最理想的状态，但现实往往是，指导老师的操作水平是比不上自己的学生的。在某些需要长期动手操作、对实践能力要求很高的专业领域，如临床医学、机械操控等，教师或许是实操技能的专家，也可能自己曾拿过技能比赛的奖项，获得过"技能能手"的称号，但很多专业是结合了理论知识和实操内容的，而在老师的学历教育经历中，更多的可能是对某一专门领域知识的研究，学历越高的老师，其专长的内容就越细致和深入，常常就忽视了实操技能的训练。

我们希望指导老师既能做技能专家，又能做学生训练的监督者，但若是无法两全，那我们宁愿选择后者，也不要将大量的时间和精力耗费在提升老师的技能水平上。我们要清楚地认识到，学生们年轻有活力，在技能熟练度的提升上比老师要有优势得多，青出于蓝而胜于蓝是非常常见的现象。而且，并不是只有自身技能非常优秀的老师才能带出优秀的学生，这也是为什么老师的四个角色之一不是"技能专家"而是"技能指导专家"，指导老师更重要的职责不是做榜样做标杆去让学生向自己看齐，而是探索比赛的技巧然后去进行指导，同时为学生提供良好的训练环境，配备充足的符合标准的训练物资。更直白地说，就是指导老师不一定要自己做得多好，但一定要能让学生做好，即创设有利的环境，掌握"教"和"导"的技巧。另外，请校内外的技能专家为学生进行培训和答疑也是一种很好的选择，指导老师可以一起学习，了解学生有所欠缺的地方以及改进的方法，以便在后续的备赛过程中继续跟进指导。

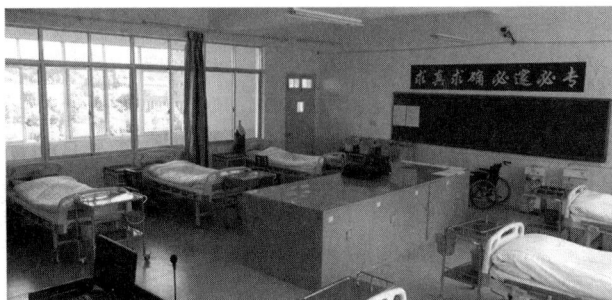

图 4.3　某职业院校护理技能训练室

解决了指导老师的选择标准问题，我们再来说说作为监督者，老师应该从哪些方面下手。首先，根据比赛的内容划分大致的训练规划。比赛内容一般包含两类及以上的项目，有些需要持续训练的可以从初期就开始安排，有些需要前期基础或者可以通过突击练习得到提升的，就逐步加入训练日程中，形成一个循序渐进的过程。将这个安排告知学生，让学生做到心中有数。然后，做好每个阶段的细化安排。定好各个阶段的达成目标，并落实监督机制。比如每天要求学生签到，登记自己的训练成绩，每周由老师进行测试，每月安排一次专家培训或主管部门领导视察等。最后，根据训练情况适时调整计划。通过学生阶段性的训练成果，反思原有的训练安排是否合理，目标设置有没有过高或过低，对于不恰当的计划要及时作出调整。值得注意的是，指导老师也要给自己制订指导计划。两位老师分工协作，切实履行监督者的职责，不能订好学生训练计划后就不闻不问，或者只看学生自己提交的练习结果，一定要安排现场监督和测试的环节，最好能做到每天都和学生进行面对面的交流。老师在监督时做到刚柔并济，严慈兼备，对于不同性格的学生采用适宜的方式，不能让学生惧怕和反感，也不能让他们懒散懈怠。

4.1.2.3　照顾生活的贴心管家

有些指导老师可能认为，我只要管好学生的训练就可以，其他的事情不需要操心。但事实上，对于学生来说，比赛固然是短时期内极其重要的事情，但他的生活是一个整体，不可能将比赛与其他的事务完全割裂开来。何况我们举办比赛、参加比赛的初衷，不是为了赛而赛，而是希望能通过比赛促进学生的专业技能提升，帮助他们提高学习能力和学习效果，能对将来的学历提升和职业发展有所助益，我们不能忘记促进学生全面发展的人才培养宗旨。所以指导老师切忌急功近利，除了比赛本身以外，要更多地关心学生的学习生活，让他们的生活质量得到整体的提升，反过来，这也能让学生有更好的状态投入备赛。

其一，在学习上。比赛涉及的专业知识和技能，与相关的课程学习有相互促进作用，所以比赛不能影响到这些专业核心课的学习。某些选修课或适合自学的专业课，在得到任课老师的批准后，可以适当暂停或延期，或采用自学的方法，但学生应按时参加课程考试。这样既能节约出更多时间以供训练，又除去学生落下很多课程的后顾之忧。实际上，通过高强度训练出来的学生，在专业知识的学习能力上会有明显的提升，所以无论是对后期的课程学习，还是职业证书的考试，抑或是提升学历的考试，都有较大的帮助。只要协调好训练与上课的安排，就不会出现因比赛耽误学习的情况，只会形成促进作用。

其二，在生活上。关心学生的日常生活，对于他们生活中遇到的困难给予力所能及的帮助。要特别注意学生的身体状况，每天要有适量的体育运动，保持良好的饮食和睡眠习惯。在长期高压的训练状态下，很多学生会出现身体不适或者生病的情况，这时我们一定要让学生的身体恢复后再继续训练，不能以牺牲健康为代价。我们可以在训练室配备饮水机、零食等，供学生补充体力。保持训练室宽敞明亮、空气流通、温度适宜，良好的训练环境对学生的身体健康和训练效果都颇有助益。

4.1.2.4 负面情绪调节大师

在备赛的过程中，保持良好的情绪状态非常重要。通过调查，我们发现学生产生负面情绪的原因主要有以下几个：

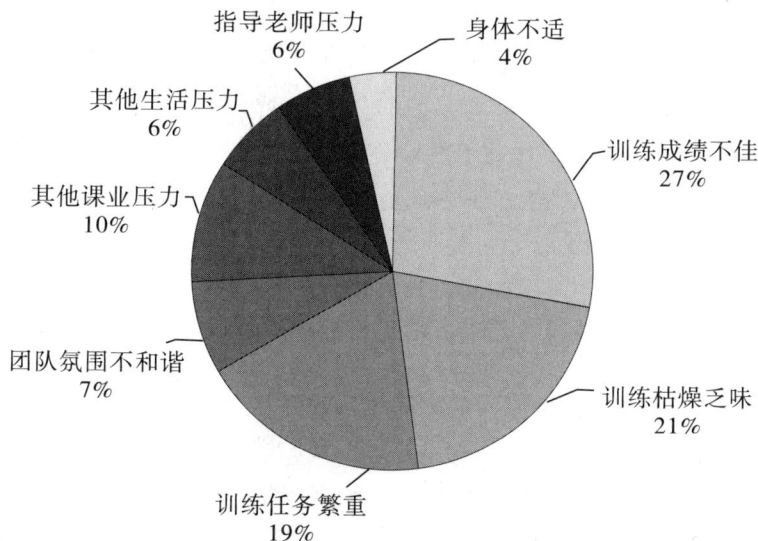

图4.4 造成学生不良情绪的原因

从图 4.4 中可以看出，排在前三位的原因是训练成绩不佳、训练枯燥乏味，以及训练任务繁重。

结合与学生的交流来看，学生在备赛时的压力普遍较大，而最为担心的是投入了大量时间和精力却不能取得良好的比赛成绩，所以在训练结果不尽如人意时，往往会增加这样的担忧。这时就需要指导老师对学生进行鼓励和引导，一般来说，学生的技能水平在初期会提升较快，然后进入瓶颈期，在突破这个时期后又会提升一个层级，最后达到一个相对稳定的状态。要让学生了解到这是一个正常的规律，千万不要在瓶颈期失去信心无法前进，而是要尽快突破步入新的台阶。学生们的瓶颈期和稳定期到达的时间不同，老师需要加以区分并适当调整训练的计划。

随着时间的推移，一方面，日复一日的训练使得学生逐渐对训练失去兴趣和耐心，就会感觉到枯燥乏味；另一方面，训练内容逐步增加，到备赛后期学生明显感觉到时间不够用，一些预定的任务没有完成。对于这两种情况，指导老师要做好心理疏导工作，告诉学生，推动我们去做一件事的原始动力可能是兴趣，但支撑我们坚持下去的却是意志和理想，要始终朝着我们的目标稳步前进，并且相信一定能有美好的结果。同时，要引导学生学会自我调节，比如适当地放松，去做自己喜欢的事情，团队成员间相互鼓励形成良好的氛围，老师也可以偶尔安排一些健康的娱乐项目来缓解压力。

值得一提的是，对于团队参赛的学生，我们要注意，他们既是不同的个体，又是一个整体。团队成员之间必然有成绩高低的差异，对于相对落后的学生，可以进行单独辅导，这是所谓"差异化"的指导方式。但同时，也不可忽视团队内部的情绪变化，要引导他们发挥"优带差"的作用，做到共同进步，而不是相互埋怨，或者放弃后进者。在备赛前期，可以挑选超过最终比赛的人数进行训练，通过淘汰机制将成绩不佳或合作性不强的学生另作安排，但一旦确定了人选，除特殊情况以外，原则上是不建议更换参赛队员的，因为这样会对团队其他成员造成很大的影响。因此，协调好队内关系，增强学生的团体责任心和凝聚力，也是需要特别留心的一个方面。

对于上述的"四个角色"，两位指导老师可以进行适当分配，每个老师根据自己的专长负责好相应的工作，以下的角色分配可供参考（见表4.3）。

表4.3 指导老师的角色及任务分配表

角色 （指导老师）	指导老师 1 （专业教师）	指导老师 2 （辅导员/专业教师）
竞赛事务负责人	共同负责，依据具体事务分工	

（续上表）

角色 （指导老师）	指导老师 1 （专业教师）	指导老师 2 （辅导员/专业教师）
技能指导专家和监督者	主要负责	次要负责
照顾生活的贴心管家	主要负责学习类	主要负责生活类
负面情绪调节大师	次要负责	主要负责

4.1.3　比赛期间的管控与服务

4.1.3.1　比赛前：充分准备，有备无患

学生和指导老师最为紧张的时刻就是在比赛现场，为了让学生能有良好的发挥，我们必须在赛前就做好充足的准备，免除学生的后顾之忧，让他们不被比赛以外的事务烦扰，专注于竞赛本身。在临近正式比赛前，指导老师至少要做好以下几项工作：

（1）熟悉竞赛流程。在举办比赛前的一段时间，主办单位会发布通知，告知竞赛当天的日程安排。具体时间可能会根据实际情况有所变化，但不会有特别大的变动，所以老师必须了解全部的日程计划，有疑问之处可向主办或承办单位负责人询问。

表 4.4　2022 年"互联网＋"国际贸易赛项竞赛流程表

日期	时间	事项	参加人员	地点
竞赛前2日	13：00—18：00	参赛队报到，安排住宿，领取资料	工作人员、参赛队	住宿宾馆
报到日	8：30—12：00	参赛队报到，安排住宿，领取资料	工作人员、参赛队	住宿宾馆
	15：00—15：30	领队会（赛前说明会）	参赛队领队、裁判长	会议室
	15：30—16：00	开赛式	领导、嘉宾、裁判、各参赛队领队及一位选手	竞赛场地或会堂

（续上表）

日期	时间	事项	参加人员	地点
报到日	16：00—16：30	熟悉场地	各参赛队领队及一位选手	竞赛场地
	16：30—16：50	检查封闭赛场	裁判长、监督组	竞赛场地
	16：50	返回住宿宾馆	参赛队领队、选手	竞赛场地
竞赛日1	10：30	参赛队在住宿宾馆门口集合，集体乘车前往赛场	各参赛队	住宿宾馆
	11：00	午餐	各参赛队	校内食堂
	12：10	竞赛场地前整队	各参赛队、工作人员	竞赛场地前
	12：20—13：00	检录进场 第一次加密抽签（抽序号）	参赛选手、抽签加密裁判	一次抽签区域
		第二次加密抽签（抽赛位号）	参赛选手、抽签加密裁判	二次抽签区域
	13：00—18：00	外贸 B2C 模块竞赛	参赛选手、裁判	竞赛场地
	18：00—19：00	检查设备、封闭赛场	裁判、技术人员	竞赛场地
	18：30	返回住宿宾馆	各参赛队	住宿宾馆
竞赛日2	7：00	参赛队在住宿宾馆门口集合，集体乘车前往赛场	各参赛队	住宿宾馆
	7：30	竞赛场地前整队	各参赛队、工作人员	竞赛场地前
	7：50—8：30	检录进场 第一次加密抽签（抽序号）	参赛选手、抽签加密裁判	一次抽签区域
		第二次加密抽签（抽赛位号）	参赛选手、抽签加密裁判	二次抽签区域

（续上表）

日期	时间	事项	参加人员	地点
竞赛日2	8：30—12：30	外贸B2B模块竞赛	参赛选手、裁判	竞赛场地
	12：40—13：40	午餐	参赛选手、裁判、工作人员	校内食堂
	16：30—17：30	闭赛式	领导、嘉宾、各工作组、各参赛队	竞赛场地或会堂
返程日		所有参赛队返程		

表4.4是一个较为详尽的日程安排表，我们可以看到，实际比赛的时间只有"竞赛日1"下午和"竞赛日2"上午，但整个比赛的安排却涉及前后共5天的时间，这5天内所有的行程安排都由指导老师全权负责。

指导老师一定要弄清楚每天的时间安排，做好规划，具体到几点应该做什么事情，需要哪些人员到场。指导老师可以兼任领队，所以两位老师要分配好各自的工作，切勿错过了重要的环节。

（2）重视赛前会议和观看场地。指导老师们都知道比赛当天是最关键的时候，但一定不能忽略了赛前会议的重要性。会议一般在比赛前一天举办，会上将对比赛当天的流程、评分标准、注意事项、餐饮交通安排等逐一进行说明，如果和前期通知中的内容相比有所变动，那么要以会议上的内容为准。另外，在会后安排的比赛场地熟悉环节也很重要，让学生提前了解环境，能做到心中有数。知道在哪里抽签，哪里落座，哪里休息，场地设备如何摆放，等等，对缓解学生的陌生感和紧张感有较大的帮助。

（3）做好出行安排。对于要去外地比赛的团队而言，指导老师要负责安排好交通和住宿，按照通知上的比赛地点提前查找资料。有些承办院校会提供合作的住宿地点或安排交通接送，那么就要和相关的负责人员保持沟通，按照要求做好准备。如果比赛队伍较多，住宿房源可能会比较紧张，需要注意提前预订。外出的各类证件、用品、工具、药品等，提前列好清单，提醒老师和同学们备好。

另外，由于疫情影响，各地防疫措施不同，须按当地要求执行。指导老师对于这些工作都应当主动去考虑和实施，而不能等着主办方来催促，懈怠拖延只会带来更多的麻烦。

（4）学生的心理建设。对学生的心理调节是一个长期的工作，在比赛之前以鼓励为主，使学生心态放松、平和，切忌给学生过大压力，影响现场发挥。除了收集学生资料和安排他们参加必要的赛前活动以外，其他可以由老师代劳的事情，就尽量不要去打扰学生，让他们心无旁骛地面对比赛。

4.1.3.2 比赛中：累积经验，调控情绪

当学生开始排队进行检录和抽签，指导老师就不可以再和学生交流了，将由学生自己进入比赛场地，听从裁判的指挥进行准备和竞赛。省赛和国赛会设置老师观摩区，如果比赛场地空间足够大，例如大型体育馆，观摩区可以是周围的观赛区域。如果比赛空间较小，观摩区一般是单独的场地，老师们通过网络直播的方式观看比赛现场。无论哪种形式，观摩区和比赛区都是相对独立的，这样可以尽量避免外部环境对选手造成干扰，同时又起到一定的监督作用，让比赛更为公平公正。

在学生正式比赛的这段时间，有些老师可能会认为自己没有什么可做的了，几个小时无所事事或者去做其他与比赛无关的事情。实际上，这段时间我们至少可以完成以下事项：

第一，也是最重要的，观看学生比赛。如果出现意外状况，需要指导老师协助处理的，需要立即前往。如果发现有违反比赛规则，或者违背比赛公平性、对比赛结果造成影响的行为，需要保留好证据，按照比赛章程，在规定的时间内向裁判组提出书面的质疑和投诉。当然，这是指导老师的权利，但也不能滥用，一定要有充分的理由，在符合程序的情况下进行申诉。学生比赛的时间较长，两位老师可以交替完成。

第二，熟悉比赛过程和环境。参加大型的技能竞赛是一次非常难得的经历，一方面，老师通过观察比赛的现场环境，了解选手的比赛状况，分析裁判的评判行为，可以有效帮助自己积累比赛经验。另一方面，即使自己的学生比赛顺利，其他选手也可能出现某些意外状况，这时其他人是如何进行应急处理的，这样的处理是否合适？若是将来自己的学生也遇到这样的情况，应该怎么做？这些都是值得老师去学习和思考的。

第三，如果比赛内容较多，无法在一段连续的时间内完成，那么老师需要做好中途修整的安排。解决餐饮、午休的问题，跨天的比赛还需要返回住宿地点。在比赛的间隙期，学生一定会忍不住讨论之前比赛的情况，若是完成得很好，那肯定是值得庆贺的事情，但也不要过于兴奋，需要踏踏实实准备好后续的比赛。我们更担心的情况是，前期完成得并不理想，学生可能会情绪低落，甚至影响到整个团队的士气。这时老师一定要注意帮助学生调整心态，让学生不要因为前期的失误而陷入自责和迷茫，最好能抛开过去，选择性"失忆"，把精力集中在完成好后面的内容。这时团队其他成员的鼓励也非常重要，大家齐心协力，重整旗鼓，切不可相互埋怨。引导学生卸下包袱，心无旁骛，发挥出正常水平，不枉费

自己那么长时间的艰辛和付出。一切不愉快的事情，都可以等到比赛结束后再慢慢解决。

4.1.3.3 比赛后：总结提升，以赛促学

在常规的比赛结束后，如果有特殊情况出现，如赛后补时、申诉重赛等，老师和学生都需要尽快调整状态，以平和的心态去应对，按照裁判专家的指示完成所有的比赛内容。待一切比赛事宜完成以后，指导老师们就要开始准备安排返程了。

对于学生们来说，比赛告一段落，可以放松身心，犒劳自己。无论结果如何，学生能够参加全省、全国的技能竞赛，都是一次值得纪念和回味的宝贵经历。

对于老师们来说，比赛的结束并不意味着工作的完成，在适当的放松和调节之后，还有重要的任务等待着我们。

首先就是进行本次比赛的经验总结，准备下一届或更高级别的比赛。老师们可以抽出一些时间，坐在一起，认真地将整个备赛和比赛过程复盘，细数出优良的做法和不足之处，提出改进的建议，使得将来的比赛指导工作更顺利地开展。在老师的职业生涯中，会遇到很多不同类型和级别的竞赛指导机会，能取得理想成绩固然令人欣慰，但也常常有不尽如人意的时候，老师们要学会分析成败的原因，不断改进指导方法，并且找到适合自己的比赛类型。

其次，协助完善学校竞赛管理制度。技能比赛不仅仅关系到教师和学生的个人荣誉，也是职业院校的工作要点之一，学校有责任为比赛提供良好的训练环境。反过来，优异的比赛成绩也离不开学校的制度和资源的支持，每一次的比赛也都是在积累学校竞赛管理的经验和能力。

最后，将比赛的内容和方法融入日常教学中，真正做到以赛促教，以赛促学。老师通过指导学生比赛，可以深入了解相关的核心知识和技能，为专业课的教学提供了很好的素材，也提升了老师的教学指导能力。同时，老师可以利用参赛学生的优秀成绩来激励其他学生，让低年级学生在比赛前打好技能基础，争取成为参赛队员；让同级和高年级学生向榜样学习，掌握一技之长，注重职业技能的提升。

4.2 学生创新创业比赛

　　我国对于高校学生创新创业的发展一向都非常重视，早在 1989 年就由共青团中央、中国科协、教育部等部门牵头举办了全国性的大学生创新创业比赛——"挑战杯"。"挑战杯"系列竞赛被誉为中国大学生创新创业的"奥林匹克"盛会，直到今天依然吸引着全国众多学生的积极参与。"挑战杯"竞赛共有两个并列项目，一个是全国大学生课外学术科技作品竞赛，另一个则是中国大学生创业计划竞赛。创业计划竞赛又称商业计划竞赛，借鉴了风险投资的运作模式，要求参赛团队提出一项具有市场前景的技术、产品或者服务，并就此完成创业计划。

　　另外一项更为"年轻"但影响范围更广的赛事，是 2015 年开办的中国国际"互联网 +"大学生创新创业大赛。该比赛由教育部主办，同样分为校、省（区、市）和国家级。自第三届大赛开始，比赛积极推进国际交流合作，扩大参赛队伍范围，截至 2021 年第七届大赛，共有来自 120 多个国家和地区的选手，基本囊括了哈佛大学、麻省理工学院、牛津大学、剑桥大学等世界排名前 100 的大学。"互联网 +"大学生创新创业大赛的作品更强调技术性和实用性，获奖的作品也逐渐呈现高质量、高水平、高效益的发展趋势。大赛会举办多个关联的创意交流活动，成为我国大学生和相关参与单位科技创新竞赛的一大盛事。

图 4.5　2020 年第十二届"挑战杯"中国大学生创业计划竞赛闭幕会

除此之外，地方高校和教育部门、创新创业协会等也会举办各式各样的创业竞赛，有的会针对特定行业或人群开办，如"农村创业创新大赛""女大学生创新创业比赛""粤港澳大湾区大学生创业大赛"等。无论是哪个赛项，想要斩获佳绩的方法都有相通之处，下面我们就备赛的几个关键要素分别进行探讨。

4.2.1　破局之始：赛道与项目

为了鼓励更多的学生参与到创业活动中来，比赛通常会设置不同的赛道，给予更多的获奖机会，也从参赛条件上作出区分以提高公平性。我们在选择赛道和参赛项目的时候，要先研读比赛文件，弄清楚每个组别的要求，然后根据自身的特长和手头的资源去做出判断。在选择时，可以把握以下几个方向和原则。

4.2.1.1　考虑三个方向

第一，从自己的专业出发。对于理工科的学生来说，项目的创新点集中在技术方面，不管是原创还是改良，如果不深入研究技术原理是无法做到的，这就需要参赛选手有长时间的专业知识和技能的积累，所以我们基本上都会根据自己的专业去进行技术创新。对于文科学生来说，去发明出一个物件或改良一项技术，可能会比较困难，拼不过理工科的同学，所以文科学生通常会在商业模式和市场运作方面进行创新，将已有的商品进行包装重组，或者在服务方面下功夫。那我们所选取的商品和服务，以及改进的方式方法，也可以从自己熟悉的专业领域去开拓。

第二，充分利用身边的资源。要做成一个项目，除了看自己擅长什么以外，还要考虑客观的条件，也就是我们手头上有哪些资源，通过努力可以去获得什么资源，如果一个项目的设想很好，但我们拿不到相关的资源，或者获取支持的成本太高，那就没有办法去实施了。这个时候我们通常会想到团队的力量，也就是在组建参赛队伍的时候，考虑成员各自的资源条件，包括他自身的、家庭的、社交圈子的等等。另外还有外部的一些支持，比如学校、老师、企业专家等，这些支持有知识和技术方面的，也有经费方面的，还有人脉关系方面的。我们可以从两个方向去思考，一个是已经有了一些项目基础或设想的，那么就从项目本身出发，看它的运行需要哪些资源，就按这个方向去探寻。另外一个是在选定赛道和项目之前，先考虑已有的资源，根据实际情况去看哪个赛项是更适合自己的。

第三，不妨试试冷门赛道。所谓的冷门赛道一般是指新开设的，或者有一些门槛的赛道，如果暂时没能达到门槛，那我们可以朝着它的要求去努力，等到第二年可能就能够去参赛了。以"互联网＋"大学生创新创业大赛为例，最常规的赛道，也就是主赛道是本科高校和职教赛道，报名条件很容易满足，也是参赛人数最多的组别。另外"青年红色筑梦之旅"赛道也受到较多关注，这个赛道要求项目内容与乡村振兴紧密相关，如果你的项目符合这个标准，那么不妨从主赛道改至这个赛道。再来说说大赛从 2021 年才新增设的一个赛道：产业命题赛道。这个赛道是先向企业征集命题，通过筛选以后公示，参赛选手根据命题给出解决方案，这个赛项的目的是切实帮助企业解决问题。这个赛道其实给了选手一个很好的机会，如果你有企业方面的资源，就可以联系企业去申报命题，对命题的内容和要求你都可以给出建议，那么你参赛的作品很大概率是会比其他人更加优秀，更加贴合企业需求的。

4.2.1.2 把握三个原则

（1）创新性。

对于创新创业类的比赛，首先我们要考虑的就是项目的创新性，如果你做的东西已经是市面上非常成熟的，很多人都在做的，那就没有什么意义了。创新的方向主要是产品或技术研发、生产服务、商业模式和市场营销这三个，如果你的项目占了其中两项可以称为优秀，占了三项就是特别优秀，如果只占一项，那必须是第一项，才有可能获得较好的名次。从 2021 年"互联网＋"大学生创新创业大赛职教赛道的获奖名单（见表 4.5）中我们可以看到，排名前二十的项目里有 12 个是关于技术创新的，剩余的 8 个是服务和模式创新。

表 4.5　2021 年"互联网＋"大学生创新创业大赛职教赛道获奖名单分类（部分）

技术创新类	服务和模式创新类
"逆行守护者"森林消防员应急逃生装置	黄金财鳢——黑鱼产业转型升级的领跑者
DIY 百变童车教具	慧眼——刀具全生命周期管理专家
醒山环保——工业废水零排放专家	拳击航母——中国拳击领航者
"汉锦梦"——喳喳织机进万家	超能鹿战队——中国外卖餐饮品牌缔造者
辽曦装备——国内首家太阳能集热板真空镀膜提供商	红舫文化——红心向党匠心育人，让红色文创引领青年潮流
数字化柔性制造鞋底——4D 打印可编程材料的应用	新心点灯——培养中国灯彩艺术国际传播先行者
智风——高性能风机散热设备先行者	草坪梦工厂
全锐科技	棕榈青年——一带一路上的奋进者
铁甲战衣——高端零件修复涂层	

（续上表）

技术创新类	服务和模式创新类
"蜘蛛一号"小型智能焊接机器人	
轨道卫士，油润有度——基于物联网监控的分动外锁闭道岔智能油润装置	
改"革"创新做中国高端超纤革的引领者	

这里说的创新，是指我们要明确地展现出项目的优势，而且这个优势不是相对行业平均水平而言，而是与行业的优质龙头企业去比较，明确哪些地方是他们没有做好的，我们这个项目能在什么方面领先于他们。还要说明这个优势至少领先两年以上，因为拉开对手两年以上的优势，才能够形成时差壁垒，才不会被轻易赶超。另外，由于比赛是针对学生开设的，所以我们的项目不能仅仅只提商业创新，只讲利益优先，还要结合思想教育来谈，比如在教育方面做出了什么贡献，对成员的知识技能、综合素质有哪些提升，在思想层面有怎样的进步，在教学改革和产教融合等方面起到什么推动作用，等等，这些也同样是项目的创新发力点。

（2）可行性。

有些同学的创新思维很活跃，常常有些天马行空的想法，这是值得鼓励的，只不过在比赛的时候，我们的项目需要落地实施，给出的数据要真实可信，所以需要考虑项目的可行性问题。

那么我们要从哪些方面去判断这个可行性呢？首先，还是联系前文所说的资源维度，这个是项目开展的基础。其次，是市场维度，即通过市场调研的数据，去分析产品的商业空间有多大，在哪些细分市场上能有所突破。这里还可以加上用户维度，即用户的数量分析和预测。然后还有财务维度，也就是我们要将已有的财务数据，或者预测的财务情况拿来分析，看看项目是否能够有收益，多长时间可以获得利润。可行性分析是开展项目的前期工作，也是我们在参赛作品中需要去展示的部分（相关内容会在后面的章节中详细说明），所以我们一定要认真对待。

（3）效益性。

对于一般性的商业型创业项目，产品能够有足够的市场，能顺利地运行下去，能够获得可观的利润，是主要的目标和评判标准之一。对于具有公益性质的如就业帮扶、扶贫助困等项目，即使没有要求获得多大的经济效益，但也必须具有社会效益，而且就算项目本身无法盈利，也需要为帮扶对象创造价值，获取收益。所以我们在选择项目的时候，也要考虑到这个效益性要如何实现。

从经济效益上来讲，简单地说就是项目可盈利，而且是具有一定的持续性的，不是投机行为。如果是公益项目，那么我们就要看是否能为帮扶对象创造财富，增加收入。当然，还有更为宏观层面的效益，比如对地方产业升级、乡村振兴、产业结构优化等方面有没有什么促进作用。从社会效益来看，涵盖的范围就更丰富一些，比如促进就业、促进教育发展、改善医疗卫生条件、优化自然环境、促进科技革新、增强国际竞争力等。

在项目初创阶段，可以是负债经营，也可以是通过某些部门或机构的补贴捐赠来获得启动资金，但后期一定要能形成一个良性的商业模式，不能一直依靠外部力量来运行，这样才称得上是一个可以持续经营的项目。在参赛作品中，我们可通过对商业模式的叙述，还有市场规模、营收业绩以及用户数量的分析和预测等方式，来体现项目的可持续性和效益性。

4.2.2 成功之源： 团队成员

我们都明白一个道理，叫作"事在人为"，团队成员的选择对于项目的成功与否至关重要。成员的素质不仅仅直接关系到项目本身的运作情况，也是评委在评分时必定会去衡量的一个指标。在组建团队的时候，我们可以从以下方面对成员的情况进行考量。

4.2.2.1 人员背景构成

创业团队的主体是符合条件的在校生或毕业生，同时也需要其他的外部协作成员，主要包括指导老师和外部专家团队，后者包括学术专家和企业专家，如果是参加与农村农业或红色主题相关的赛项，还需要加入政府部门的专家，所以组建团队其实是一项考验人脉资源的工作。

对于本科院校的参赛队伍来说，学术专家至少要是教授，最好有博导、院士，或省级、国家级领军人才等，高职团队的学术专家也要尽量提高标准，选择本专业或创业方面的权威学者。企业专家主要看其所在公司的实力和知名度，以及他本身所处的职位和工作经验，最好是有自主创业经历的人，更能提出有建设性的指导意见。政府部门专家对于特定项目有重要的意义，因为这个项目可能就是和他目前所做的工作息息相关的，在完成比赛项目的同时，也可以为他的工作带来现实的效益，所以他既有丰富的经验、资源和突出的能力，更有强烈意愿去支持协助参赛团队。

团队成员齐备以后，我们又会面临一个新的问题，几乎所有参赛项目都会展示自己的豪华专家团队，那我们怎么去突出团队的优势呢？很多人只是简单罗列专家的各种头衔，这种形式会让评委觉得这些专家只是用来撑场面的，对项目本身并没有多大的实际作用。所以为了提高可信度，我们需要通过举例来证明，比如某位大牌的专家具体为项目做了什么事情，最好是帮助我们攻克了高难度的瓶颈，明显地推动了项目进程，这样也体现了我们请这位专家指导的必要性。

4.2.2.2　团队历史成果

证明一个人或一个团队能力的最有效方式之一，就是看其曾经完成过多少高价值、高难度的任务，从某种程度上来说，任务完成得越多，就证明其能力越强。一个人可能参加过很多活动，我们主要去看他完成的哪些任务呢？或者说，要展示给评委们哪些团队成就呢？选取的原则就是根据我们参加的创业项目，去寻找对应的成果。如果是商业性质的，那么就挑选有代表性的商业项目成果，展示出自己在同类项目中的经验积累。如果你们的团队以前没有参加过任何商业项目，那么评委不太容易相信第一次创业就能做到出类拔萃，他们很可能觉得你们的商业计划只是纸上谈兵的美好设想。

如果团队成员实在没有类似的经验，那么就需要展示曾经完成过的其他类型的复杂任务，这个任务必须是有较大难度的、具有较大价值的，或者规模较大的、涉及多方协作的，任务的难度和复杂程度越接近创业项目，就越有证明效果。而且，本成员在这个项目中必须是担任核心角色的，负责策划或组织的。这个项目最终取得了一定的成果，或者拿到过其他比赛的奖项，也就是说它不能是一个失败的、有很多缺憾的项目。

4.2.2.3　优秀的通用能力

我们总希望团队成员的综合能力越强越好，最好都是全能型选手，但这样的要求确实有些不切实际。在创新创业的团队中，我们最注重的几项关键素质有：良好的创新思维、优秀的商业头脑（或公益项目策划能力）、艰苦奋斗的精神和顽强的意志力、宣传推广能力和感染力、优秀的现场表达和展现能力。当然，如果团队成员不能面面俱到，那就专注好自己的擅长之处，同时尽量补齐短板，成员之间相互协调，突出各自的优势。

有些素质可能和个人本身的性格以及过往的积累相关，但有些能力是可以培养出来的，甚至在短时间之内可以有显著的提升。比如现场的表达能力，就可以通过集中训练的方法来提高。再比如商业思维的培养，其实是有技巧可循的，最常用的方法是通过学习和研究行业内佼佼者的做法，尤其是国际上的顶尖企业，然后寻找未来发展的方向，提出可以超越对方的标准，去进行设计、改良、创造。

4.2.3 核心之件： 商业计划书

各类创新创业比赛都会要求提交商业计划书或类似文件，将整个项目的情况进行详细的说明，作为判定项目质量、给予评分和奖项的最重要的材料，因此，也可以说商业计划书是创业项目的各个要素汇集而成的主要成果的载体。通常而言，一份商业计划书包含的要素有：项目概述、市场分析、产品或服务介绍、商业模式、营销策略、财务分析、团队介绍等，下面我们就针对这些要素的撰写技巧分别进行探讨，其中团队相关内容前文已有讨论，此处不再赘述。

4.2.3.1 项目基本信息与概述

商业计划书的第一部分是项目的基本信息，有的比赛会提供标准模板，我们就按照模板规定的内容进行填写，如果没有模板，我们还需要自己设计。基本信息的主要内容包括项目的名称、团队名称、拟参加的赛道和组别、团队成员的信息等，其中最需要花心思的就是项目的名称。我们通常采用"项目名＋一句话"的形式来作为标题，项目名即你们项目提供的产品或服务的名字，如"电子芯片""多功能座椅""宠物管家"等，一句话就是副标题，用来辅助表达项目的核心功能或特征，比如"开启 AI 时代的感知钥匙""家用智能打印机先行者"，等等，在说明产品功能的同时，也体现出了它的先进性和创新性，相当于为自己的项目打广告。

项目的概述或者是摘要，简单来说就是用文字的方式来描述这个项目中你们想做的事情，摘要可能涉及的内容有项目概念、前期的基础和成果、战略目标、市场定位、发展前景、竞争优势、营收与盈利、股权与融资等，这些并不是全部都要写，而是挑选你们团队认为做得最有特色、效果最好的几个方面来写。项目概述的字数大概在 800 到 1 000 字，将项目的整体情况精练地进行叙述，给评委们一个大体上的概念，同时突出几个让人容易记住的亮点，这样就能形成良好的第一印象。

4.2.3.2 市场情况分析

从这一部分开始，就相当于是我们写论文时的正文内容了，整个正文的部分要遵循的撰写原则是：图文并茂，有理有据。图文并茂容易理解，至于有理有据，指的是既能说出道理，又有事实依据。很多人都会讲道理，只是讲得好不好的区别，讲得好的道理是具有严谨的逻辑和清晰的层次的，或者是能洞悉事物本质，把握人的心理状态的。但我们更要注意的是，除了分析与创新，还要有依据，这个依据可以是已被证实或广泛运用的理论知识，或者是调查和实验得来的数据。尤其是在市场分析这个模块，没有真实数据的支撑，我们根本不可能说服评委后续的分析是有道理的，那整个项目是否能够顺利进行，是否能够进入市场和获得盈利，都会遭到怀疑，计划书后面的内容也都是无根之木了。

市场分析可以细分成行业分析与商机分析。行业分析的范围不用说得太大，把全球全世界的环境都分析出来，而是要落脚到与自己项目最相关的市场中，分析当下这个行业的状况和市场容量，有哪些主要的竞争对手，我们的优势有哪些，潜在的威胁有哪些，另外，如果是和国家政策环境相关度较大的项目，一定要把政策因素考虑进来。商机分析这部分，我们可以多关注行业的数据报告，还有一些新闻和政府报道，结合前面的行业分析去发掘市场中的空白，迎合客户的需求。还有重要的一点就是，要善于发现蓝海市场，在市场发展的前期率先进入。

市场分析的数据可以来源于一手资料，即团队成员进行问卷调查、访谈或实地调查的情况，也可以是收集到的二手资料，但是要注意二手资料的权威性，比如是政府部门的统计数据，或者权威咨询公司出具的行业报告等。数据的体现形式最好是表格或图片，这样更为直观和专业。即使是关键词的表达，也可以用图像的形式来增强阅读体验，比如图4.6，就是某个关于净化工业废气项目的背景展示。

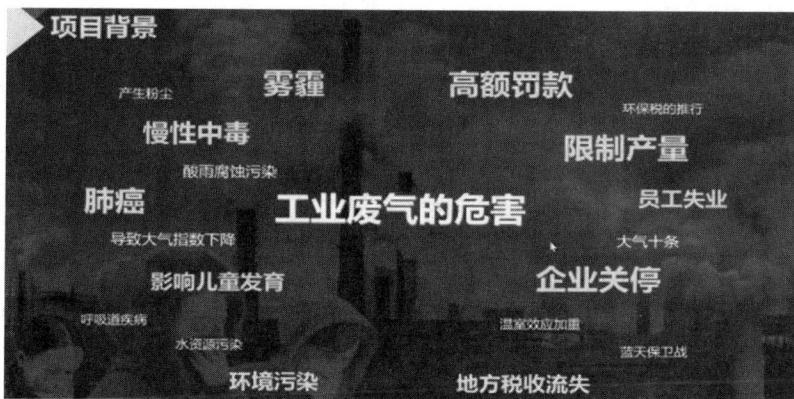

图4.6　净化工业废气项目的背景展示图

4.2.3.3　产品或服务介绍

对应上一部分的市场分析，我们找到了市场的需求点在哪里，接下来就是介绍创业项目是如何去满足市场要求，解决人们的问题的。为了把项目的产品或服务内容解释清楚又有条理，可以从以下两个方面入手。

（1）关键技术介绍。

无论这个创业项目是通过怎样的载体来实现的，是一个产品，还是一项服务，或者是一个平台，它都有一个关键的技术做支撑，那就需要先对这个技术进行介绍。首先是这个技术的概况，然后通过文字或示意图展现技术的实现原理，并且分析这个技术的优势，如图 4.7 所示。要知道评委并不一定是我们项目所在行业的专家，他不一定熟知我们提出的这项技术，这就需要我们通过简明、通俗的方法去展现这个技术。另外，还要说明这个技术是原创的还是借用别人的，如果是创造性的，那么有没有获得专利可以作为佐证；如果是在其他人的研究基础之上的改进，那么我们的创新点在哪里，这个技术用在我们项目的切入点是什么，这些都可以体现出项目的技术优势。

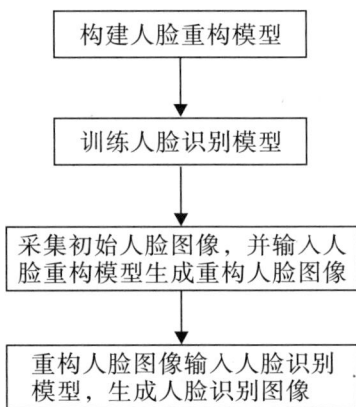

图 4.7 人脸识别系统技术原理图

（2）产品或服务内容的介绍。

这一部分是本模块最重要的内容，主要包括：第一，产品或服务的名称、特征、功能等。在介绍功能和用途的时候，要突出这个产品或服务对客户所产生的价值，比如帮助客户解决了什么痛点，对他们的生活品质的提升有什么促进作用等。

第二，产品或服务的竞争力。类似的产品目前市场上是否存在，如果有竞争对手，那么我们的项目有什么优势；如果没有对手，那是什么原因，是技术不成熟，还是存在市场壁垒，或者是难以产生效益，等等，我们的项目是怎么解决这个问题的。同时，还可以进一步分析产品或服务的市场前景，这里也要结合产品的竞争优势来谈。这一部分的展现形式，有一个很好的借鉴渠道，就是我们可以到大型的电商平台上，去看一些类似的科技产品或高质量的服务，他们的广告页面是怎样布局的，因为他们都会很用心地去设计图片、文案，来展示自己商品的优势和特性。

第三，也是一些团队容易忽视的地方，就是要讲述产品或服务后续的发展计划。比如现在运用的技术有一些局限性，或者市场环境在初期不够理想，那么将来可以往什么方向去改进，我们的产品又如何去适应新的市场变化。技术是会更新换代的，市场需求和供给也会发生转变，所以我们需要有一个预期，这样才能让评委觉得这个项目是有可行性、有持续性的。

4.2.3.4 商业模式和营销策略

从理论上来讲，商业模式所涵盖的范围较广，这个词出现的频率很高，但仍然缺乏一个权威的定义，我们可以把它简单地理解成企业如何通过商业运作去满足客户需求并获取收益的一个管理系统。对商业模式的解释也是众说纷纭，这里取一个我们较为认同的说法：商业模式至少包含三个要素，即创造价值、传递价值和获取价值，三者的关系如图4.8所示。

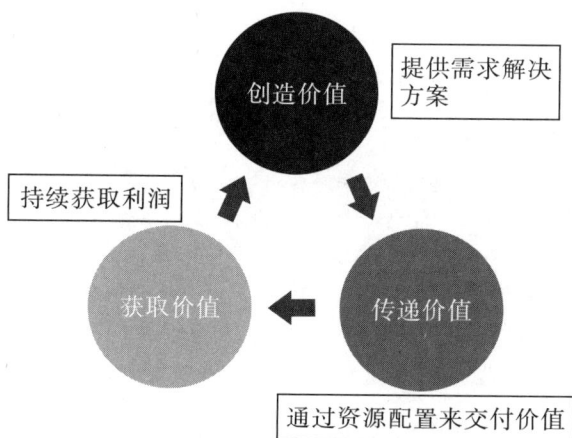

图4.8　商业模式的三要素

目前市场上有很多耳熟能详的商业模式，比如直销模式、分销模式、O2O模式、拼团模式、加盟模式、合伙人模式等，绝大多数创业项目的商业模式都是借用已有的模式，针对自己的项目进行组合运用。我们不需要花很大精力去创造一个新的模式，因为新模式没有经过市场检验，盈利风险较高，而且在没有革命性的技术突破的条件下，其实很难凭空造出一个完全不同于当下所有模式的全新模式。我们只需要选择适合自己产品或服务的模式，然后结合上述三个要素，把这个业务如何运作的机制梳理清楚即可。

确定了商业模式后，根据模式本身的特征，我们要制订营销方案，这部分也是评委们会重点关注的。有些团队可能会觉得市场营销这个部分很难出彩，因为营销的方法和渠道就那么多，很多作品都是类似的。为了让评委觉得我们的方案有过人之处，我们不仅仅要讲述营销的方案，还要讲清楚为什么会制订这些方案，实施起来的优势和困难在哪里，做到有条理有逻辑地层层递进。同样地，我们还要秉承"图文并茂，有理有据"的原则，才能打动评委。

（1）细分目标市场分析。

我们要阐述的第一个部分就是目标市场分析。前面已经做过市场调查和分析，那么这里就是将市场进一步细分，然后针对每一类别（如年龄、性别、职业等分类标准）、每一场景（如办公场景、居家场景、外出场景等）的受众采取不同的营销策略。在这些细分市场中我们还可以分别估测其市场容量，挑出 2 ~ 3 个重点营销的群体，作为主攻的对象。细分目标市场的类别一般是根据产品的功能或服务的对象进行区分，我们通过功能的展示就可以很清晰地给出目标客户的分类。比如图 4.9 是一款录音笔的使用场景，从图中我们能看出这款产品的主要客户包括听讲者、访谈人、主持人、记者、参会者、学习者等，我们只需在图片上稍加提示，就能让客户群体一目了然。

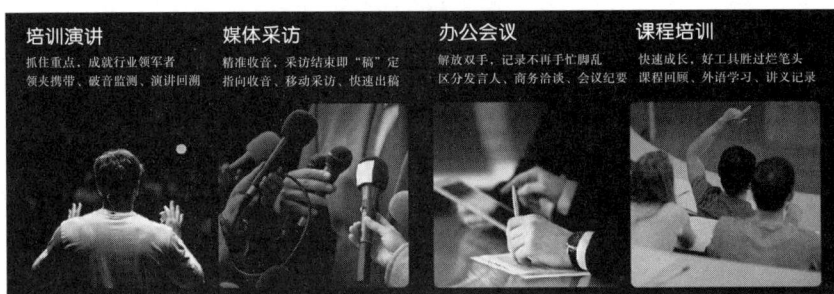

图 4.9　某品牌录音笔的使用场景

如果更进一层，我们可以通过更多的数据分析，描绘出客户群体的画像，给营销方案提供数据支持。客户画像就是在匿名状态下给客户贴上标签，通过分析客户的特征来进行精准营销。贴的标签越多，客户的形象和需求就越明晰，但能精确匹配的产品就越少，有时候需要模糊化处理，所以标签的数量可以根据我们的产品和服务特性来进行设定和调整。图 4.10 展示了一种客户画像样式，可供大家参考。

图 4.10　客户画像

（2）市场竞争分析。

第二部分是对于市场竞争情况的分析，这里要突出的是竞争对手的市场策略和营销策略，围绕营销这个主题，去构思我们的竞争方案。值得注意的是，我们选择竞争者进行对比时，一定要能突出自己的优势，而不是挑选一个成熟的优质的产品或服务，去作为我们的竞争对手。一个创新创业的产品，不可能一开始就将本行业的龙头企业给比下去，面对强有力的竞争者，我们只能另辟蹊径，在不同的细分市场，或某种功能上，或营销策略上去突破。较好的方式是，将现有的做得不那么优秀的样品作为对照，一条条地去列出我们这个项目的竞争指标。以图4.11中某个新款的婴儿手推车为例，对比自己产品和其他同类产品的几个特性，并用更鲜亮的颜色将自己的产品标注出来，就很清晰地突出了自身的优势和卖点。

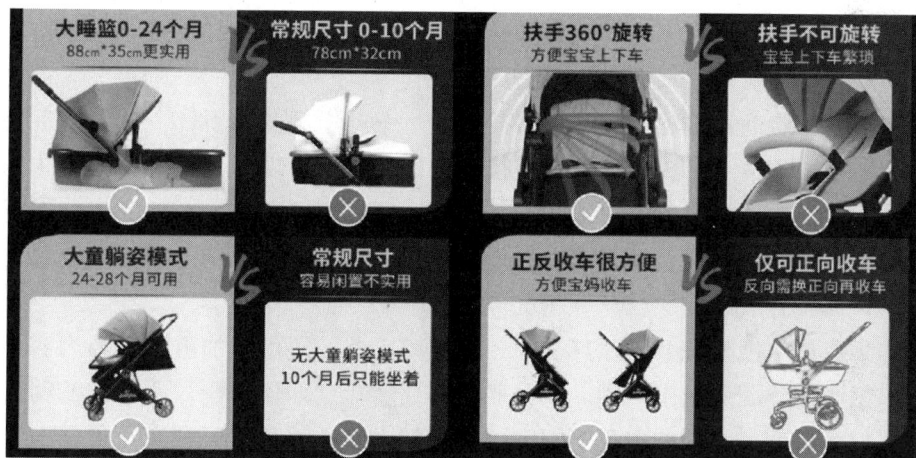

图4.11 婴儿手推车产品对比示例

（3）营销推广策略。

基于前两部分的分析，我们再来阐述营销策略，就更为有依据，更容易达到效果。这一部分我们要说明以下几个问题：营销渠道、营销方法、价格定位、促销策略。营销渠道其实和商业模式是对应的，如果是代理模式，那么营销也主要通过代理方来进行；如果是直销模式，那么营销也就是团队成员自己的工作了。营销方法就是在选择渠道的基础上怎样具体地去实施，比如是投放广告，还是网络营销，或者病毒营销，等等。价格定位也是很重要的一块，这个会直接影响到后面的财务分析模块，定价要合理合规，主要参考标准是市场上的同类产品，以及对客户购买力的分析。最后的促销策略，可以分为线上和线下两个渠道去设计，促销不单单指价格方面，常见的方式还有会员积分制、附赠礼品或服务、推广返利、二次销售优惠等。

4.2.3.5 财务分析与风险控制

财务分析的目的是对项目运作的收益情况进行判断，即使是公益项目也会有成本核算和资金来源规划。财务分析既包括对已有的财务数据进行分析，也有对将来项目运作资金的预测。如果是已经在运作的项目，就要展示从成立公司之日起到现阶段的实际财务状况，超过三年的可以只展示近三年的情况，另外，还要对未来三年的情况进行估算。如果是还没有开展的项目，可以只做未来的资金规划。

我们通常采用财务报表和财务报告的形式来进行分析，即制作"三张表"——资产负债表、现金流量表和损益表，然后对报表的数据作分析，形成一个财务报告。对于有基础的项目，要求表格中的数据真实可信，不能粉饰和造假，有些高规格的比赛还会要求提供纳税证明、交易合同或财务票据等佐证。

另外一个和资金相关的内容是融资计划，对于初创项目来说这一点尤其重要，因为没有启动资金项目就不可能开展，对于已经运营的项目，扩大融资也是必须要考虑的事情。有些比赛对于股权的结构会有一些规定，比如要求团队的核心成员的股权达到一定比例，那我们就要按照比赛文件来执行。融资部分需要说明的问题主要有融资的金额是多少，通过什么渠道融资，资金运用的大致规划是怎样的，以及各股东的股权分配情况。

如果我们想把财务分析这部分写得更完整一些，还可以加上一部分内容，就是股东的利润分配和退出机制。比如股权如何转让、如何回购，股权被稀释后股东利益如何保证，亏损的情况下损失如何承担，有收益的时候利润通过什么方式分红，等等。这些内容可以参考行业内成熟的股份制企业的运作机制，不必写得太复杂，但要注意保证合法合规。

4.2.4 排位之战：　路演与答辩

路演是每个团队在比赛现场必须展示的一个最关键的环节，在路演之后，评委会提出若干问题，团队成员要在规定的时间内完成答辩。我们备赛的时间可能接近一年，但是路演和答辩的那么短短十几分钟，就能决定团队是否能晋级，是否能拿到好的名次。

尽管大家可能没有那么多的经验，但是通过精心的准备，用心的排练，我们是可以让同学们的现场表现得到非常明显的提升的。实际上，那些特别能吸引我们的商业路演的展示者，比如乔布斯、马云、雷军等，原本也都不是专业的播音演讲出身，他们也是通过训练和实战，才逐步提升了自己的展示技能。所以大家一定要对自己有信心，同时要下定决心，不畏艰难，磨炼意志，做好充分的准备。对于路演和答辩，这里为读者们提供一些训练技巧，希望能够有所助益。

4.2.4.1　精心准备展示内容

（1）做好用好PPT。

在路演时我们通常都会用PPT的形式进行展示，如果有需要的话，还可以拿出实物来作辅助展示。有的比赛会要求把PPT作为文档材料之一先提交，但现场展示的内容可以有所不同。提交的PPT相对来说页数会更多，因为要通过更多的文字将项目内容作详细的说明，罗列的数据和图表也更多一些，而且提交的格式如果是PDF，那么在其中插入的动画和视频就无法展现了。现场演讲的PPT更多是展示项目的核心部分和亮点，所以内容较少，应尽量不要出现大段文字。嵌入的动态图和视频也应简短，避免浪费时间。另外，如果一个视频的时间超过了1分钟，除非它特别生动有趣，否则大部分观众都会失去继续观看的兴趣。

虽然PPT几乎是一个必不可少的工具，但同学们在演讲时一定要记住，不可以依赖PPT，因为它仅仅是一个展示的工具，去帮助你让观众更为直观地了解你要叙述的内容，而不是你自己的辅助器。负责演讲的同学一定要做到脱稿，这是最基本的要求，然后才是训练更加自然和放松地表达、增加肢体语言等。其实脱稿并不是一件难事，也可以分阶段逐步完成，比如先将演讲稿写到PPT的备注中，用演讲者视图进行播放和练习；然后不看演讲者视图，用手卡来提示自己；随后逐步减少手卡的数量，直到全部脱稿。

在路演时，还有一位同学是负责播放PPT的，他也要对展示内容非常熟悉，并与演讲者配合，在准确的时间同步播放对应的内容，这样，演讲的同学是可以完全不用去看PPT的，只专心于把自己要讲的内容表达出来。而且，如果是全国的大型赛事，演示的屏幕是非常大的，演讲者站在台上，受视角的限制，可能根本无法看清PPT页面的全貌，如果还要根据PPT上的内容作为提示的话，很可能会出现慌乱的场面。

（2）通俗的语言，分享者的姿态。

我们其实可以把路演当成是一个"讲故事"的场景，介绍项目不也就是在介绍你们团队的创业故事吗？所以我们在讲故事的时候，一定要采取与观众、评委们

图4.12　路演现场选手脱稿演讲

平等的分享者的姿态，而不是一个高高在上的传授者，或者一个低微的乞求者。那么怎样做到这一点呢？其核心就是，把展示内容的重点放在你们的项目价值上，多去分享你们独一无二的贡献和成果。有些团队在有意无意中会犯下一些错误，比如去吹嘘自己的团队有多么厉害，过往的业绩碾压了多少竞争者，仿佛如果他们这么优秀的项目还没有拿到奖项的话就是评委们没有眼光。这样的自我标榜，还不如诚恳地去告诉大家你们的团队里有谁，你们创业的过程是怎么样的，你们最成功或者值得骄傲的经历是什么，你们正在为大家解决什么实际的问题。我们要记住，路演的基本立足点是听众的听讲逻辑，你要做一个循循善诱的引导者，让观众和评委跟随你的叙述，与你的思想达成共鸣。

路演时应该特别注意的第二个问题，就是使用通俗易懂的语言，不要用很多特别专业的、晦涩难懂的词语去堆砌。有的同学可能会觉得专业的说法，或者用一堆英文，有时还是英文缩写，更能体现项目的高端性，但实际上，不是所有的评委都是你这个细分领域的专家。我们跳出比赛来说的话，创业项目最终是需要市场客户的，客户形形色色，就更不可能完全了解你使用的技术了。再回到比赛，我们无法在 8~10 分钟的演讲中将整个行业情况讲清楚，或者让一个完全没有接触过我们研究领域的人去弄懂这个核心技术，如果我们试图去详细解释，可能要花掉 2/3 的演讲时间。技术确实是关键的创新点，不得不提，但我们作简单的说明就足够了，评委们更想知道的是你怎么去应用的，做出了哪些成果。还是回到前面说的，要体现这个项目给大家带来的实际价值。

4.2.4.2　掌握现场路演技巧

语言表达能力可以通过日常的训练来提高，但同学们在真正登台时，面对陌生的环境、台下严肃的评委、实时转播的摄像机，还有众多的观众，难免会感到紧张慌乱。在演讲现场，可以使用一些小技巧来缓解紧张的情绪，让自己恢复镇定。

第一，把握好语速，善于利用停顿。总体的语速我们平时是要训练的，因为比赛有规定的时间，一定不可以超时，但说得太快，提早结束也是会影响给评委的印象的。如果我们发现自己太紧张，语速有些快了，那么可以适时地做一些停顿。这不仅是为了让我们自己平静下来，恢复节奏，同时也是留给听众一些思考的时间。比如在介绍完一个关键的技术点，或者你们的一个小成就之后，适当地停顿一下，让观众回味一下，可能比你一直快速地不停地说，效果会更好。

第二，善用肢体语言。肢体语言可以快速地吸引观众的注意力，也能帮助我们更好地去传递信息，同时，它也是我们调节自己情绪的一个好帮手。我们可以在平时的训练中，有意识地去做一个习惯性的动作，这个动作要大方得体，每次做这个动作时，配合深呼吸，降低心跳频率，让身体机能形成一种惯性。或者，我们可以通过在台上的走动来缓解紧张的氛围，也让评委觉得你是处于一个放松且自信的状态。另外，眼神交流也是很重要的，我们常说在演讲时不能盯着 PPT 看，更不能低着头和观众完全没有交流。能够与评委有适当的眼神交流当然很好，但有些同学看到评委就觉得紧张，那么我们可以试着将评委想

图 4.13　路演时善用肢体语言

象成一个让你觉得有意思的、值得信赖的熟人。如果这样很难做到，那我们不要盯着评委的眼睛，而是看他的额头、耳朵等离眼睛近的部位，让他觉得你是在与他交流。

第三，即使我们做了充分的准备，也可能会出现一些突发事件，让自己能够从容地去面对，是路演者的重要能力体现。我们可以设想一下可能出现的问题，提前做一些预案，现场就不会手忙脚乱。比如最常出现的事故就是 PPT 放不出来，或者视频卡住了，没有声音之类。那我们就要准备多个版本的 PPT，在不同的设备上调试好，如果现场还是出现播放问题，那就要提前做好预案，如果没有这个视频应该怎么讲，这就是我们常说的，要有 Plan B 甚至 Plan C。另外，团队之间的协作也很重要，每个人虽然都有自己的固有分工，但突发事件出现后，要迅速反应，帮助队友。比如答辩时，我们预设了一些问题，有主要回答的人，但当他卡壳忘词的时候，其他人不能事不关己，要及时进行提示或补充。为了更加保险，我们在团队内可以设置 A、B 角，即 A 负责某个任务，当 A 无法完成时，就由 B 来代替，这样就能更好地保障整个现场的展示效果。

4.2.4.3　掌握现场答辩技巧

和路演相比，答辩更加考验大家的临场反应能力，以及团队对技术与项目的熟悉程度。虽然我们无法预测评委具体会问到什么，但是可以提前去做一个预判。大部分评委的提问会围绕自己熟悉或者感兴趣的一个点来展开，这个兴趣点通常来说可以分成两类：一类是针对项目的问题，另一类是针对项目团队的问题。通过分析往届大赛里评委的高频提问，我们可以发现，针对项目的提问大多会从创新性、商业性、公益性、可持续性、时效性、如何引领教育、如何带动就业这几个方面来提问。针对项目团队的问题主要有成员的经历、分工、职责等方

面。还有很多时候，评委们的提问内容可能是他很想知道的一些信息，但在路演里没有提到或者没有讲清楚的。图 4.14 罗列了一些高频的提问方向，大家可以用作训练的参考。

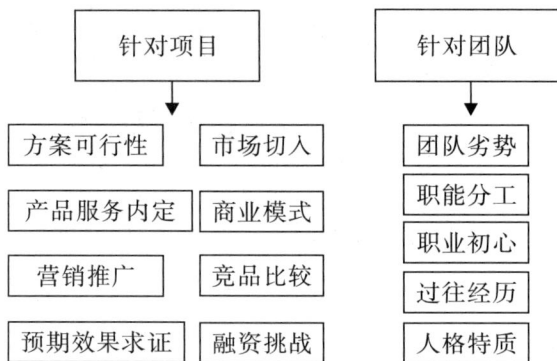

图 4.14　常见的答辩提问方向

在回答评委提问时，要做到不慌不忙，吐字清晰，有逻辑、有重点地回答。当评委提出问题时，我们不要特别着急地去回答，要给自己一点时间，分析清楚评委提问的内容和重点，即找到问题的"关键词"。然后换位思考，想想评委提这个问题，他最想知道的其实是什么。比如问到团队分工，谁负责的技术研究，谁负责的营销管理等，那么评委是想知道各个成员在这个项目中的地位、贡献，以及相互之间的协同作用。想明白问题的核心以后，要快速思考，组织语言，进行作答。为了提升答案的逻辑性和条理性，我们可以分两步来组织答案。第一步，先下结论，直接抛出观点。第二步，对这个结论进行论述，提供依据。在论述时，可以用"第一""第二""首先""其次"这样的连接词。回答的内容一定要围绕问题的核心，正面作答，不要顾左右而言他，答非所问。

另外，我们还要注意礼节跟技巧。如果没有听清楚评委的问题或者不太理解他们的用意，可以礼貌地询问，不要不懂装懂自顾自地回答。当评委提出的看法和你相抵触的时候，不要直接反驳，更不能和评委争辩，对于评委的批评一定要虚心地接受。如果确实是评委没有理解你的理论或技术，也不要直接说"你不懂"之类的话，我们可以先感谢他们的宝贵意见，然后再提出自己的见解。一定要避免和评委产生激烈的争论，因为即使你争论赢了，也会输掉比赛。

对于答辩来说，没有完美的答案，所以不要因为害怕自己的答案不够完美就不断地去补充，这样只会让评委觉得你没有准备好，对项目也不够熟悉，还会让自己丧失信心，影响后边的答辩。我们只要认真去分析题目，围绕问题中心真实地把项目的内容表达出来，展现出良好的风貌即可。

4.3 教师教学能力比赛

在指导学生参加比赛之外，教师自身的比赛也是我们需要关注的部分，主要包括个人的技能竞赛和教学能力比赛，前者不是仅仅针对老师群体开设的，后者则最考验教师本职工作技能，且对学生的学习有直接影响。本小节同样以规格最高、参与人数最多，也最有指导意义的比赛作为探讨对象：全国职业院校技能大赛教学能力比赛。

全国职业院校技能大赛教学能力比赛是目前对职业教师群体开放的唯一一项国家级教学能力比赛，与全国职业院校学生技能大赛一样，实行"校级—省（区、市）级—国家级"层层筛选推荐制度。该赛事前身为 2010 年开始举办的"全国中等职业学校信息化教学比赛"，在 2012 年增加了高等职业院校的赛项，2018 年比赛名称改为"全国职业院校技能大赛教学能力比赛"。参赛的组别也经过多次调整，目前分为"公共基础课程组""专业课程一组"和"专业课程二组"，专业课程一组和二组的区别在于，二组的课程更注重技能实训，要求实训教学内容的教案不少于 6 个学时。自 2019 年改革后，比赛更加注重团队能力，由以往的个人主导型转变为 2~4 人的团队协作。在提交的参赛作品方面，三个组别作品的形式几乎一致化了，只是具体评分标准有所不同，提交材料清单见表 4.6。

表 4.6　2021 年全国职业院校技能大赛教学能力比赛提交作品清单

提交作品类型	内容	基本要求
参赛教案	实际使用的教案，反映连续、完整的教学内容。应包括授课信息、任务目标、学情分析、活动安排、课后反思等教学基本要素	公共基础课程≥12 学时，专业课程≥16 学时。每份教案的教学内容不超过 2 学时，实践性教学环节不超过 4 学时
教学实施报告	总结参赛作品的教学整体设计、教学实施过程、学生学习效果、反思改进措施等方面情况	1 份，中文字符≤5 000 字，图表≤12 张

（续上表）

提交作品类型	内容	基本要求
课堂实录视频	在实际教学（含顶岗实习）场所拍摄的课堂实录视频 3～4 段	单机方式全程连续录制，每位团队成员不少于 1 段，参与教学的应是授课班级的全体学生。每段时长 8～15 分钟，总时长 35～40 分钟。专业二组作品不少于 2 段技能教学实况
专业人才培养方案	实际使用的专业人才培养方案	按比赛文件有关要求修订完善
课程标准	实际使用的课程标准，附某一班级授课计划表	依据职业教育国家教学标准体系，按照专业人才培养方案的相关标准要求科学规范制定

除了提交参赛作品的文本和视频，通过初步筛选之后的团队还需要进行现场比赛，包括实施报告介绍（不超过 6 分钟）、两段无学生教学展示（合计 12～16 分钟）、3 个问题的现场答辩（可由评委指定回答者），团队的每个老师都要承担一定的现场比赛任务。比赛现场主要考查教师对比赛内容掌握的熟练程度、临场发挥能力、应变能力，以及仪表风范和语言表达等。由于这些能力需要通过前期实战演练不断巩固，重在反复训练，此处不再详述。本小节将基于提交作品的类别，着重探讨教学设计（含实施报告和教案）和现场教学（即课堂实录视频）两个最关键的部分。

4.3.1 教学设计：对课程的全面解析

4.3.1.1 精准把握比赛要求

很多老师在准备教学比赛的时候，马上就想到用自己熟悉的课程去参赛，但实际上你的课程可能并不太符合比赛文件的要求，或者不能很好地展现出评委想要看到的内容和亮点，那么从第一步开始你就走偏了。其实无论参加何种比赛，我们首先要做的就是研读比赛文件。对于教学能力比赛，指导性的文件就是上一年度国赛的比赛方案，以及本年度的方案征求意见稿。当然，每年的比赛会有一些变化，但一般来讲，省赛的规则基本会沿用去年的国赛方案，而我们首先要在省赛中取得优异成绩，才能获得国赛资格。

在方案中，第一部分就是"指导思想"，对于这一段文字，千万不要以为是空话套话就一扫而过，而是需要反复研读，因为整个比赛方案和评分标准都会围绕这一段的核心思想展开。在研读时要做好两件事情：第一，找到里面提到的相关文件并加以分析。比如 2021 年的国赛方案提到了"全国职业教育大会"、《国家职业教育改革实施方案》和《职业教育提质培优行动计划（2020—2023 年）》。第二，提取关键词，将这些关键词想方设法地体现在你的作品设计中，尤其要关注目前方案与上一年度的方案不同的地方，这些词就是新的突破口。比如 2021 年国赛方案中第一段的关键词包括：立德树人、三全育人、课程思政、"岗课赛证"融合、三教改革、质量型扩招、"能说会做"的"双师型"教师等，其中与 2020 年有明显不同的是，增加了"岗课赛证"融合、能说会做、师德践行能力、综合育人能力、示范性教学等说法（见图 4.15）。同时，删除了疫情防控常态化条件、信息技术应用、团队协作等相关内容，说明 2021 年比赛的重心有所转移，如果还像 2020 年一样，继续突出疫情下教学、信息技术等方面，就失去了时效性和创新性。

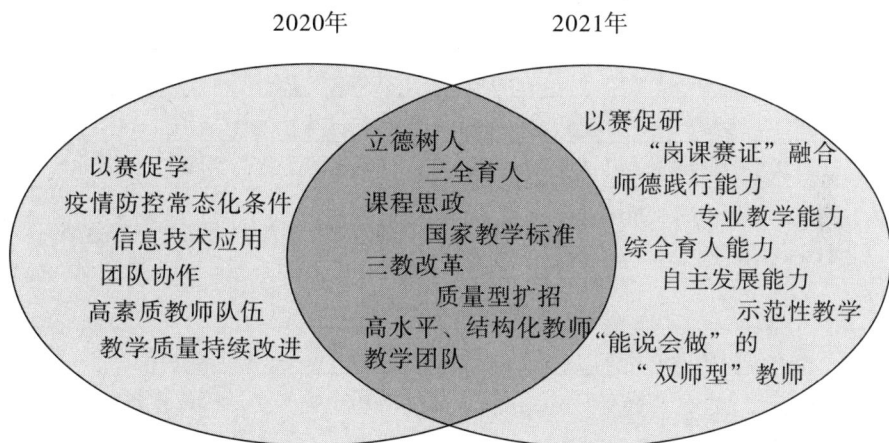

图 4.15　2020 年与 2021 年国赛文件"指导思想"关键词

同样，在指导思想之后的各个重要部分，包括"比赛要求"、"参赛限额"、"作品和材料"、附件中的评分标准、对作品的具体要求等，也应采用同样的方法，学习文中出现的各类文件，标注关键词，与上年度文件作对比，以找到突破口和创新点。这项工作会比较烦琐，但意义重大，而且在后续整个备赛过程中，需要实时对照、反复回顾我们总结出的关键词，这样才能保证作品是沿着正确的方向去设计和推进的。另外，我们还要将比赛的各项限制和提交作品的具体要求分项列出，在组建团队和准备材料时注意对应，切忌因为疏忽大意，达不到硬性标准而失去获奖的资格。有时为了达到文件要求，我们不得已要改变初衷，变更团队成员、课程、教学项目、学生的专业等，这也是前文所说应当先研读文件再进行筹备的原因。

4.3.1.2 创新思维确定选题

根据以往的参赛规律，我们会给参赛作品设计一个能够吸引眼球，又体现作品中心思想的标题。从往期国赛获奖作品来看，公共基础课程的标题更费心思，会采用短语、副标题等形式。而专业课的标题大多是以课程内容直接命名，或经过提炼总结而成。我们可以通过借鉴同类的获奖作品，融入自己课程的主旨，确定作品名称。

表 4.7　2021 年全国职业院校技能大赛教学能力比赛一等奖获奖名单

序号	参赛单位	作品名称
公共基础课程组		
1	河北科技工程职业技术大学	Food——饮食
2	义乌工商职业技术学院	品读中国
3	长沙民政职业技术学院	明大德　守公德　严私德
4	重庆电子工程职业学院	导数与微分及其应用
5	江西青年职业学院、九江职业大学	合唱艺术鉴赏与实践
6	苏州工艺美术职业技术学院、常州工业职业技术学院	理想点亮人生路　精神涵养追梦人
专业课程组（部分）		
1	安徽交通职业技术学院	非正常情况下的行车应急处置
2	北京电子科技职业学院	军用车辆制动系统故障机理分析与快检快修
3	济宁职业技术学院	歌唱艺术的处理
4	江西工业贸易职业技术学院	"文旅＋互联网"数字营销策划
5	重庆电子工程职业学院	中国古船三维模型复原实践
6	南京信息职业技术学院	基于 Arduino 的智能导览小车
7	锡林郭勒职业学院	正常分娩期妇女的护理

标题的选定可以在初期就进行规划，同时确定整个作品的核心内容，但在教学方案设计的过程中，一般经过几轮的调整和优化，才能确定最终的名称。在确

定选题的时候，尤其是公共基础课，要把握以下几个原则：首先，要让人能够看懂。即让评委对作品的主要内容和对应课程一目了然，不能只求新奇而让人不知所云。第二，要抓住人眼球。这里就需要用到一些选题的技巧，比如通过排比、双引号突出、副标题、双关句、谐音等方式，让题目在形式上夺人眼球。第三，要使人有回味。标题的新颖度很重要，但内涵更重要，通常的做法是对应课程的核心内容、使用文学性的修辞手法，或者在思想高度上进行提升，比如融入思政的元素，套用中央文件或总书记讲话的关键词等。这样既能展现出参赛者的艺术修养，又能体现出思想层面的正确性和先进性。

4.3.1.3 合理规划课程安排

确定选题后就要进行课程的安排和整体框架的设计了，设计成果就是我们需要提交的教学实施报告。按照撰写步骤，我们提炼出三项关键的工作：

（1）画好一张图。

这个图指的是"教学内容结构图"，也就是我们作品中选定的 12 或 16 个课时，在整门课程中所处的结构位置，如果课程的项目太多，图中可以只体现相关的教学模块。图中包含的基本要素有：课程名称、项目或章节名称、任务名称，以及对应的课时。这个图是为了让评委清晰地了解作品所选的课时在课程中的地位，以及与前后教学模块的关系。

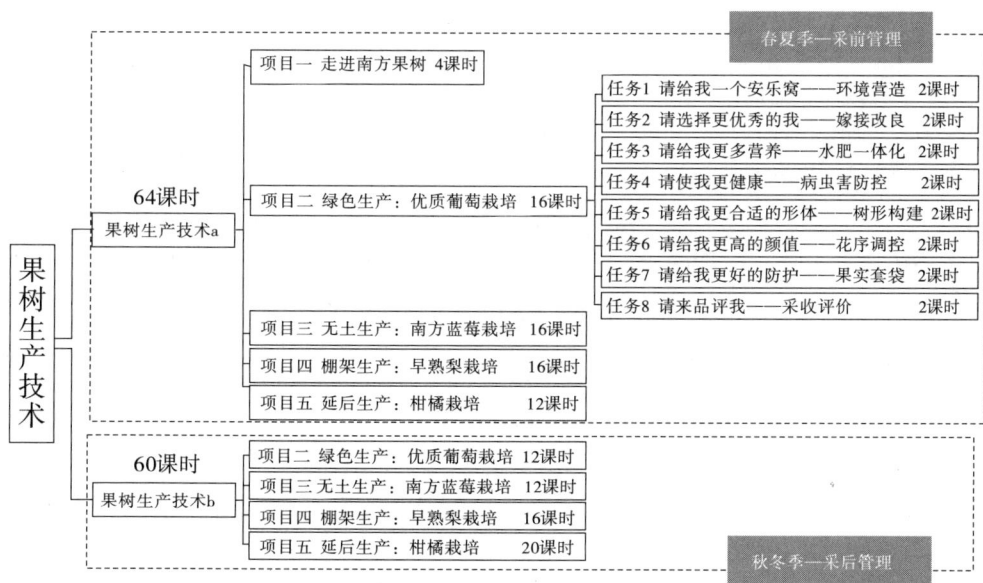

图 4.16 "果树生产技术"课程教学内容结构图

从图 4.16 中我们可以看到，果树生产技术 a 项目二 16 课时的模块从属关系和前后项目都被清楚地列示出来。在此基础上，还可以增加一些指示性的内容，如图 4.17 中将参赛课程"教师语言技能"的前导和后续课程也标示出来，体现该课程的重要地位，并增加了"有序""有用""有情怀"等提示性语句，使得整张图更有设计感。

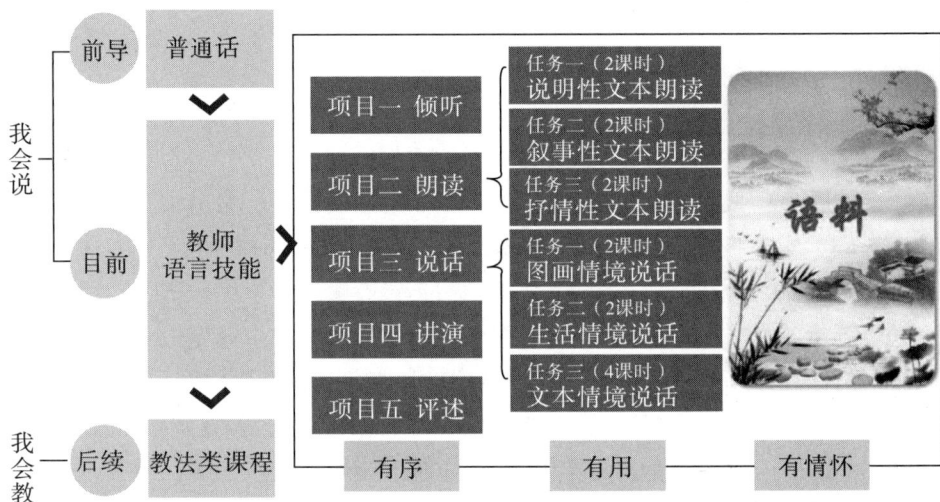

图 4.17　"教师语言技能"课程教学内容结构图

（2）列好一份大纲。

在撰写教学实施报告时，我们仍然遵循以比赛文件为准的原则，如果文件中明确说明了报告的内容模块，我们就据此列出大纲的一级标题，然后再根据课程安排和逻辑关系，设计各模块的具体内容，列出细分标题。以 2021 年的国赛文件为例，实施报告需要包含"教学整体设计、教学实施过程、学生学习效果、反思改进措施"四个方面的内容，那么我们的报告就以此为四大模块来设计。列大纲的难点在于每个模块的细分标题，即我们需要呈现的具体内容，这里给出一个典型的大纲模板以供参考（见图 4.18）。

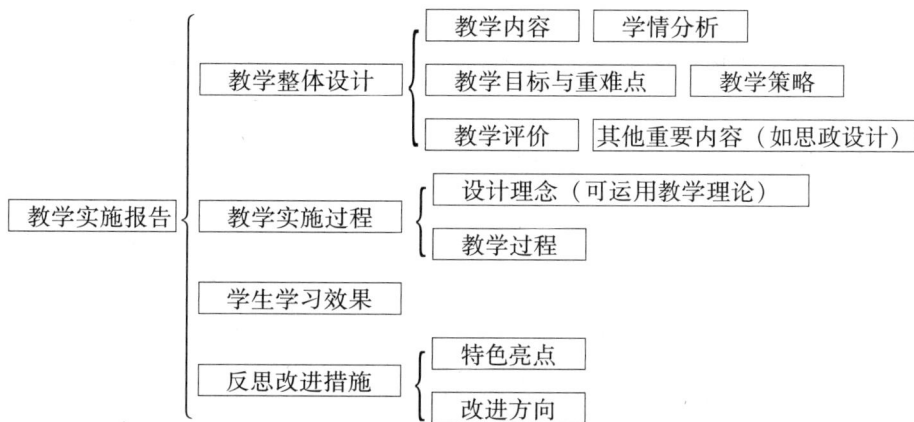

图 4.18 教学实施报告内容大纲

在细分标题的名称上我们可以多花点心思，体现出设计方法上的创新。这个时候就可以用到我们前面提炼出的关键词了，将适当的关键词放在标题中，表明作品内容紧扣文件要求。另一种方法是自行总结，可采用"数字 + 总结词"的方式，如"三维度""四对接""五阶段"等。

（3）把握几个要点。

提纲列好之后，我们的报告整体框架就基本搭建完成，在充实内容的时候，可以从以下六个方面加以把握：

第一，实施报告是对参赛内容的总结，要特别注意体现参赛内容在课程中的地位和作用。

第二，对教学内容的构建可以与我们原本上课时的结构有所不同，即所谓"重构教学内容"，但仍然要以人才培养方案和课程体系为参照，形成模块化体系。

第三，教学策略和设计理念要有逻辑、有道理、有针对性，可以采用已经存在的教学理论，也可以自行总结。说法要简洁凝练，不要用大段文字去解释。

第四，实施过程、教学评价、教学效果几个部分，要注意提供佐证，用图片、数据等方式提供有效的证明。

第五，教学反思要切合实际，要深刻。不能是特别容易解决的，否则评委会质疑为何不直接解决，而是应当在现有基础上进一步深化的内容。提出的改进意见要能切实提高往后的教学效果，切合未来教育改革的方向。

第六，突出几个亮点。对照比赛文件关键词，找准教学方案中的几个亮点，通过图文并茂的方式展现出来。比如在"果树生产技术"课程作品中，"双元育人"的教学模式虽然不是一个创新概念，但结合课程本身的特性，将"元"改

121

为"园",并通过结构图加以呈现,突出课程的实践性和产教融合机制,就成为独具特色的亮点。

搭建双"园"育人平台、构建双师双地教学模式

图4.19 "果树生产技术"课程教学模式示意图

4.3.1.4 精心打磨教学方案

课程教案是我们需要提交的另一个重要的文档材料,与课程实施方案一样,文件也对教案的主要模块作出了规定,具体包括授课信息、任务目标、学情分析、活动安排和课后反思。另外要求是完整、连续的教学内容,对课时量也有规定,按照原本上课的情况,不一定能完全符合比赛要求,这也是我们在前文中提到需要重构教学内容的原因。

教案实际上是对课程实施过程的具体设计,要全面覆盖课前、课中、课后的各个环节,同时与实施方案对应,运用其中的教学方法、资源和模式,通过具体的课程活动来突出亮点。每个教学单元单独做一份教案,所有教案的结构保持一致,然后合起来形成一份文件并做好目录。教案的内容可以细分为以下要素:

(1)课程名称和题目。不可透露学校和个人信息。

(2)授课班级、时间、类型、课时数。真实具体,每2~4课时做一个教案。

(3)授课地点与形式。包括教室、实训室,以及企业、实训基地等校外空间。

(4)选用教材。说明选取依据,有些课程需使用全国统一教材。

(5)学情分析。学习者的知识和能力基础、学习风格与习惯等。

(6)教学目标。一般包括知识、技能、素质三类目标。素质目标中包含思政教育目标。

(7)教学重点和难点。简要列明,并提出解决方案。

(8)教学资源。线上和线下资源、信息技术手段。

(9)教学策略和方法。对应实施报告中的相关内容,结合该教学单元加以

细化。

（10）教学过程。该教学单元的活动安排、教学环节、时间划分。

（11）教学评价。包括评价的方法和工具、评价的内容、具体实施方法。

（12）教学反思。教学设计的落实情况，存在的具体问题分析、改进方法。

上述内容中，占据比例最大的是"教学过程"部分，这里需要将教学单元（2~4课时）的全部安排都展现出来。我们可以采用图形的形式，凝练教学流程，让评委对教学环节有一个直观的感受（如图4.20所示）。

图 4.20　教学活动流程图示例

然后我们再通过表格和图片相结合的方式，具体描述在每个环节中，老师和学生分别的活动和要求是什么，采用何种教学资源，预期达到哪些教学目标。教案应避免纯文字形式的表达，做到既有文字说明，又有表格、图片，适当使用着色和粗体，使得教案结构合理、逻辑清晰、内容翔实、图文并茂、重点突出。

4.3.2　现场教学：　教师魅力的综合体现

自2019年起，教学能力比赛不再区分教学设计赛项和课堂教学赛项，所有参赛作品都要提交课堂教学视频，而且每位团队成员至少录制1段视频，总共3~4段，这就要求团队里的所有人都要出镜，每个教师都要具备良好的现场教学能力。

4.3.2.1　内容组织有层次，拍摄场景要"真实"

拍摄的内容取自教案，由于每段视频的时间为 8～15 分钟，不可能展现整个课堂的过程，所以我们会选取教案中最出彩的部分进行展示。不同成员一般选用不同单元的教案，尽量多从不同角度展现教案的内容，在教学环节上可以适当分配，比如有的老师展现课程开头部分，有的展现课程中段，有的则拍摄课程结尾部分。当然，在拍摄时对教案的细节可以适当改动，使得视频更加生动、合理。教案中提到的教学方法、课程资源、教学用具、信息技术手段等要真实地出现在视频中，所以我们在编写教案时就要考虑到一些工具和技术手段的可实现性，要能实实在在地运用到课程中来。

在选取拍摄场景和安排教学活动时，要尽量体现出"真实"的教学情况，这里的真实指的是，老师、学生、教学内容，以及所有的用品都是真实使用的，是看得见摸得着的，但在人物的造型、学生的上课状态、教学场地的布置、教学设备的选用、镜头的走位等方面，我们是可以进行调整和优化的。如果我们去记录完全真实的课堂，视频的画面会非常糟糕，拿这样的作品参赛很容易被淘汰掉。从图 4.21 的对比中，我们就可以看到明显的区别。

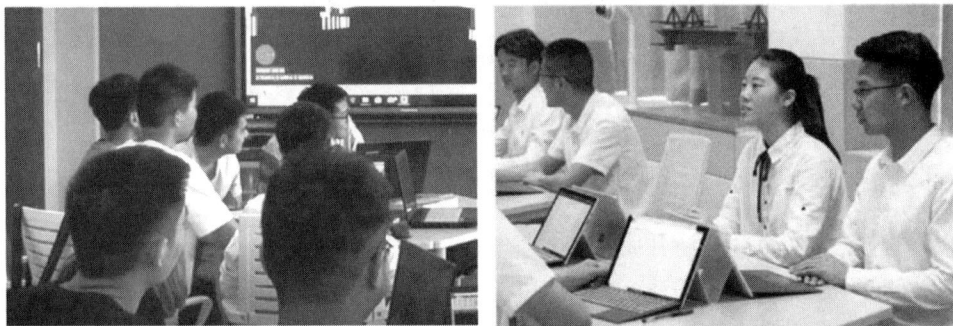

图 4.21　优化前（左）和优化后（右）的教学场景

近年来的比赛越来越注重"真实性"，比如要求参与拍摄的是真实班级的所有学生，需要提供学籍名单作为佐证。以往的参赛视频学生人数很少，都是经过精挑细选的，"表演"的成分更多一些。再比如比赛不再过多强调先进信息技术的运用，防止院校为了参赛而花费巨资去购置功能浮夸但实际使用价值不高的技术或设备，避免让比赛陷入谁资本投入多谁呈现效果就好的怪圈。所以，我们在不脱离真实课堂的前提下，对场景和人物进行适当的优化，是既符合参赛规则，同时又能提高作品质量的做法。

4.3.2.2 素材人员要齐备，现场组织有秩序

在正式拍摄之前，我们要准备三样东西：拍摄脚本、讲课稿、课程资源。如果我们把一个教学视频当作一个故事，那么拍摄脚本相当于剧本，设定故事的场景，描写故事的情节，编排参与的人物角色，将所有剧情的细节都设想妥当。讲课稿包括老师要讲的话，以及学生发言和讨论时要说的内容，老师和学生要提前熟悉讲稿，将内容记在心里，但不能生硬地背诵，可以在理解中心思想的前提下适当增减语句，用自己的说话方式来讲述，这样能显得更加自然。课程资源指的是拍摄中会用到的所有资源，包括讲课的 PPT、教学用具、实训设备、教材、文具等，材料要准备充足，设备和平台要提前调试好。有条件的话，最好能聘请专业的视频拍摄公司，或者有专业水准的人员，使用专用摄影设备进行录制。

比赛文件要求拍摄采用"一镜到底"的实录形式，不允许剪辑拼接，要最大限度地反映真实课堂。也就是说，如果拍摄中途出现较大的瑕疵，就只能从头来过，所以参与拍摄的人员都要提前预演练习，全心投入，尽量减少重拍的次数。在拍摄人员方面，如何让学生积极配合是一大难题，那么我们应该怎样去做好学生的组织工作呢？

（1）日常教学中与学生建立良好关系。学生与老师之间的情感与信任需要通过前期的积累，我们并不是为了比赛而去讨好学生，而是要一以贯之地完成好老师的职责。根据比赛要求，我们不能仅挑选几个"精英"学生进行拍摄，而是要呈现真实的整个自然班级，所以可以在现有班级中选择自己熟悉的、整体表现较好、能够听从老师指挥的那个班。如果没有合适的班级，就需要老师们提前准备，在平时的课程教学中有意识地参照比赛要求去引导学生，将比赛教案中涉及的内容在课堂上实战演练，逐步训练学生达到参赛水平。

（2）以老师的教态影响和带动学生。所谓"教态"指的是老师的教学态度和体态，是老师自身形象的展现。好的教态包括大方得体的服饰形象、端庄的站姿和走姿、适当的表情运用、平等亲切的眼神、自如恰当的手势、清晰有情感的语言表达等，做到有气质、有精神、有风范。老师的教态对学生"学态"的示范性和带动性是非常明显的，同时，教态本身也是影响作品质量的重要因素。因此，老师在日常教学中就要时刻注重保持良好的教态，在拍摄时才能更加自然地展现在镜头前。

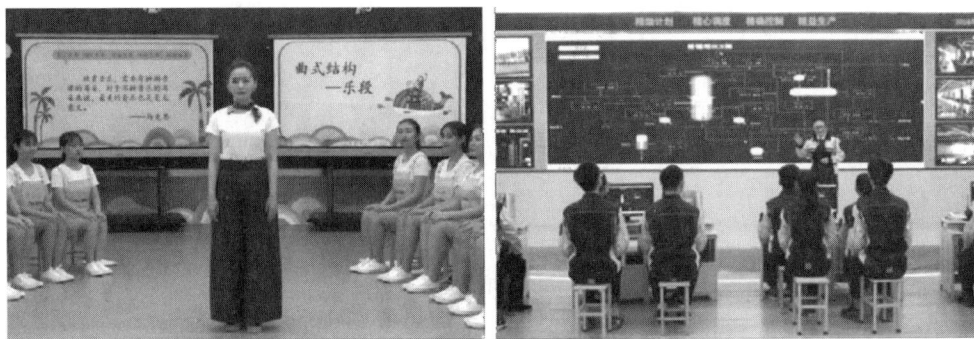

图4.22　良好的教态与学态

（3）营造适合教学现场拍摄的环境。首先，根据教学内容的设计，选择合适的教学场地，包括智慧教室、实训室、企业车间、实践基地等，这些场所都要经过重新布置，将无关的物品清理干净，可以增加与教学和职业素养相关的横幅、壁画和装饰等，整体给人明亮、整洁、利于教学的感觉。其次，除了要考虑老师的服饰以外，所有学生的服装要统一，并反映出职业特征，如正装和工装等。学生如果穿着平时的休闲服，那精神自然也会散漫起来。另外，拍摄的过程中为了使大家更加专注，要保证场地周围安静，避免闲杂人员进入，现场人员的手机除了作为教学用具外，一律静音放置在指定地点。

4.3.2.3　拍摄技巧会运用，文件要求需记牢

根据教学现场拍摄的实践经验，总结几点拍摄技巧以供参考：

（1）详读比赛文件，不要突破规则。例如视频的长度、规格、拍摄手法、出镜人员的要求等。

（2）注意不要出现参赛队伍和老师的个人信息。视频中的场地和使用的教具要特别注意，尤其是在校内拍摄时，教室的墙面、硬件设备上很有可能出现学校的名称或LOGO，教学PPT和各类资源中，特别是照片，很容易透露信息，这些都是我们习以为常的情况，所以要特别留心。不仅是学校的信息，所在地区、省市的信息和具有明显标志性的建筑、设施等都不能出现，否则即使作品再好也会被直接淘汰。有些参赛团队曾有这样的惨痛经历。拍摄前我们一定要反复检查，如果拍完后发现有信息泄露的情况，由于不能对视频进行编辑，那么只能重新组织拍摄。

（3）活动设计做到"以学生为中心"。以学生为中心的思想应始终贯穿于我们的教学设计中，作品拍摄时，可以适当展现老师的教法，但更多的场景和时间应该聚焦学生，让学生多讨论发言，多动手操作，多上台展示。镜头不能长时间

集中在某几个优秀学生身上，要兼顾大多数学生，展现整体的精神风貌。

（4）劳逸结合，常打"鸡血"。无论是老师还是学生，经过长时间的反复拍摄，都很难保持激情，为了让大家保持良好状态，要合理安排进程，注意修整。可以在场外备好零食饮品，提供餐食，准备礼品奖品等，以调动学生的情绪。老师首先需要调整好自己的状态，然后再去感染学生。另外，将镜头多给到学生，也是提升他们专注度的一个方式。

（5）提升镜头呈现的效果。虽然我们是采用"一镜到底"的拍摄模式，但镜头的方向、远近、角度等是可以变化的，所以在拍摄时要掌握好运镜技巧，整体画面和重点人物拍摄相结合。还要考虑画面中的教学活动是否能清楚地表达，比如场地的光线是否充足，屏幕的亮度和颜色是否会影响其清晰度，学生的活动画面有没有很好地捕捉到，大家说话的声音是否能听清，有没有噪音杂音出现，等等。这些都要经过多次演练才能达到满意的效果。

图 4.23　教学环境布置和拍摄角度优化

4.3.3　"以赛促教"和"以赛促学"

虽然教学能力比赛主要是考查教师方面的能力，但所谓"教学相长"，历年的比赛文件中一直在强调"以学生为中心"。从近两年的文件内容变化来看，大赛回归日常教学实际的宗旨愈发明显，往日华丽、高级、过度修饰的表现形式已不再受到青睐。教师的教学能力和学校的教育环境能直接影响学生的学习效果，通过举办比赛来提升教师的教学水平，最终还是为了提高人才培养的质量，让学生能够从中获益。

4.3.3.1　以比赛推动教师队伍建设

（1）将比赛纳入教师评价体系。

每个学校都构建了自己的教师评价体系，从教学、科研、学生工作等多个维度对老师的工作绩效进行评定，同时也作为教师职称和职务晋升的考核依据。为了让老师们更加重视教学能力比赛，也让比赛更好地发挥提升教师素质、促进教育教学改革的作用，院校应将教学能力比赛的成果纳入教师考评系统中，对参赛和获奖的选手给予奖励。

其一，将教学能力比赛获奖作为职称评定的条件之一。教学能力比赛通常分为校、省（市）、全国三级，不同级别和等级的奖项可以作为不同等级职称的评定依据。在某些特别重视教学能力比赛的院校，甚至将获得全国奖项作为直接晋升高一级职称的"绿色通行证"。

其二，设置教学能力比赛专项奖励。除了职称评定外，还可以通过绩效加分、减免固定工作量、优先年度评优，或者直接按获奖级别发放奖金等方式来奖励老师，以提高老师们参与的积极性，也是对老师们辛勤付出的一种鼓励和肯定。

在2020年之后的比赛中，教师团队重要性凸显，改变了以往团队负责人独当一面的局面，各成员的贡献有均等化的趋势。所以在设定评价标准时，要合理权衡团队成员排名的问题，保证公平公正，有助于营造良好的参赛氛围。

（2）"备赛、学习、教研、综合"多线并举。

参加教学能力比赛的意义不仅仅在于取得奖励，更重要的是，这项比赛是一个让教师全面学习和提升教学教研能力的珍贵机会。有些老师，特别是年轻的、经验较少的老师，可能并没有细致地去研读过教育部门的红头文件，也没有接触过先进的教育理念和教学方法，没有将教学资源有效地进行利用，也不清楚应该如何做到深刻反思和改进，甚至不知道何为完整、规范的教学设计和课程教案。

一方面，由于比赛内容的涵盖面较广，专业性和创造性的要求较高，为了取得好的成绩，老师们在备赛的过程中，通过参加比赛相关的培训、接受专家们的指导，以及团队成员间的交流合作，还有自己的钻研学习，能在一个相对集中的时间段里，沉下心来系统地去进行研究，掌握很多以往在日常工作中没有深入探索的知识和技能，切实地提升自己的专业技能和教研水平。

另一方面，参赛的老师除了教学能力外，还需要具备多方面的素养，包括文书写作能力、美工设计能力、语言表达能力、组织协调能力、政治素养、师风师德修养、临场发挥能力、创新思辨能力等等。比赛的规格越高，对老师综合素质的要求就越高，也越能挖掘出老师们的潜力。因此，通过举办教学能力比赛来锻炼教师，提高教师队伍质量，是一项值得长期坚持的举措。

4.3.3.2 以比赛促进智能化教学发展

全国教学能力大赛在2012年至2017年间名为"全国职业院校信息化教学大赛"，特别突出了"信息化"在教学改革中的作用，往年的评分标准也将信息技术在教学中的应用单独列出，作为重要的考量。近几年随着比赛的更名，评判重心有所转移，但网络信息技术、自动化体系、智能场景等能反映新时代的先进技术和工艺，以及它们在教学中的合理应用，依然是比赛中必不可少的关键要素和创新发力点。由此，足以证明信息化、智能化教学在比赛中的重要地位。

图 4.24　适合拍摄与展示的智能化实训室

在教学比赛的推动下，一些院校兴建了供老师们拍摄微课和个人录像的专用场地，还有适合拍摄课堂教学的多功能实训室，配备智能化的硬件设施，让教学场地更先进，更有科技感，为比赛和网络教学资源的建设提供了良好的环境。但如果没

图 4.25　适合教学的虚拟仿真技术

有建立良好的管理和运行制度，就可能存在使用率低和资源浪费的情况。

在新的比赛文件指引下，信息技术的呈现已不再流于表面，而要突出教学的适用性和支撑性，教师要学会利用信息技术和数字化的资源，构建以学生为中心的教育生态。越是强调技术的实用性和必要性，就越能提高其在实际教学中的利用率，使得学校花费大量经费去建设和购置的智能化场地和物资，不仅仅用作比赛和展示，还能实实在在地用在日常的教学中，让学生真正从中获益。教学实用性强的智能技术，要么是能大幅提升教学效率的，比如一些课堂活动组织平台的一键签到、作业自动批改等功能；要么是能解决现有的时间、空间、权限上的问题的，比如一些无法用肉眼观察到的现象、难以再现的事物场景、危险的场地和工作内容、涉及保密内容的业务等，可以通过虚拟模拟系统、VR 实景操作、3D仿真建模等方式来进行讲解和演练。如果老师们在准备比赛时，能发掘出更多既先进又实用的信息技术，那么既能为参赛作品增光添彩，又可以为智能化教学改革作出贡献，形成良性发展。

5

校企合作
——让"知行合一"不再困难

教育部与国家发展改革委、财政部、市场监管总局四部门于 2019 年制定了《关于在院校实施"学历证书 + 若干职业技能等级证书"制度试点方案》（以下简称《方案》），正式启动了"学历证书 + 若干职业技能等级证书"（以下简称 1 + X 证书）制度试点工作。《方案》要求自 2019 年开始，在职业院校和应用型本科院校启动 1 + X 证书制度试点工作，推进学历教育与职业培训相结合，深化教师、教材、教法"三教"改革，促进书证融通，同时，探索建设职业教育国家"学分银行"，构建国家资历框架。

5.1.1 1 + X 证书试点的申报

5.1.1.1 了解 1 + X 证书制度的基本情况

1 + X 证书是一个简要的说法，其中"1"是指学生在完成学业要求后获得的所在学校颁发的学历证书。所谓的"X"是指学生可以通过考试，获得多个职业技能等级证书。而 1 + X 证书制度的工作重点在于开发和管理 X 证书，并在后续完善继续教育制度，通过建立"学分银行"，打通学历教育和职业技能等级证书之间的通道，使得两者可以进行学分转换，在一定程度上达到互通互补。

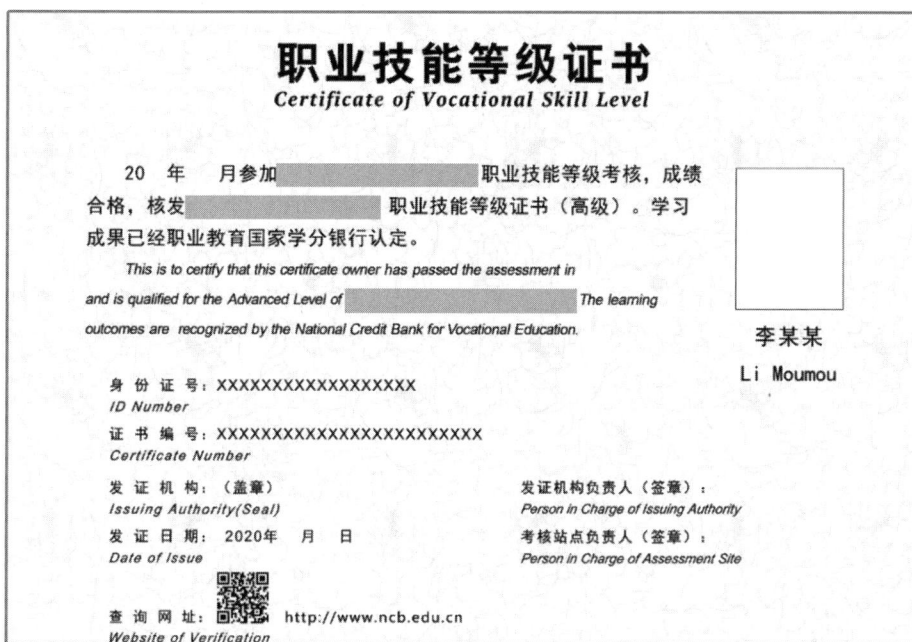

图 5.1 职业技能等级证书样式

X 证书的推进工作主要涉及以下三个主体：一是监管方，即教育部等政府相关部门。二是职业教育培训评价组织，即我们通常所说的企业或公司，它们是证书及考核标准的建设主体，对证书质量、声誉负总责，对接全国各院校开展证书试点工作。三是学校，主要是指中等职业学校和高等职业学校，本科层次职业教育试点学校、应用型本科高校及国家开放大学也可视情况参加试点。学校可以申报证书试点，并组织培训和考试，落实各项改革工作，帮助学生获得职业技能等级证书。

从 2019 年第一批 1 + X 证书发布以来，教育部基本保持每年发布一批新证书的速度，而且每个批次的证书数量都比上一批更多，涉及的专业类别也更广。第一批证书只有 6 个，第二批证书数量是 10 个，到 2021 年发布的第三批证书，数量大幅提升到 76 个，至目前为止发布的第四批证书更是达到了 355 个之多。随着证书试点工作经验的积累和制度的逐步完善，X 证书体系将进一步优化，同时对证书的质量和管控机制也将更为科学合理。

每项 X 证书分为初级、中级、高级三个级别，初级一般适用于中等职业学校，中级适用于高等职业学校，而应用型本科高校的学生可以直接参加高级证书的考试。没有达到对应等级证书学历要求的学生，在考取了低一级别的证书后，可以参加更高级的证书考试。

5.1.1.2 开展1+X证书试点申报工作

（1）关注申报通知文件，明确试点申报要求。

申请成为试点是后续开展X证书工作的前提，当然，在此之前，所在院校和专业也需要符合相应的基础条件。根据教育部的通知内容（如教育部《关于做好首批1+X证书制度试点工作的通知》），各省份的教育厅会下发配套文件，通知各院校着手证书试点申报工作。文件中会列出相应批次的X证书和对应的培训评价组织，或者告知查询渠道。另外，文件最重要的内容是提出试点申报的各项要求。各省份具体标准会有所不同，一般而言，申报条件主要包括：

①院校性质。

院校性质要求为高等职业院校（含本科层次职业教育试点学校）、省级以上重点中等职业学校（不含技工学校），或者应用型本科高校、国家开放大学。前期试点文件中对学校资质要求较高，后期逐步铺开，范围有所扩大。

②专业要求。

申报试点的专业要求与相关证书对应，各证书在制定标准时，会列出各层次学历所对应的专业。因此，申报人必须正确选择与自己所在的专业相符合的证书。另外，有些文件会要求申报专业不是新设立的专业（更名的除外），比如广东省要求申报专业必须满足近3年连续招生的条件。

在软实力方面，要求专业建设基础好，人才培养质量高，具有较为完备的专业人才培养方案和满足教学、培训需要的教学资源，并具备一定相关领域的职业培训经验。

③师资要求。

由于试点承担了学生培训的实际任务，所以会要求培训团队有具备培训能力的专兼职师资队伍。这个队伍的构成包括学校的教师和企业兼职教师或行业专家，有的文件会对学校教师和行业专家提出具体要求，比如规定"双师型"教师达到一定比例，通常是50%以上；行业企业专家达到一定比例等。在试点数量有限的情况下，重点示范专业和创新教师团队等具备一定建设基础的专业会被优先考虑。

④其他保障条件。

为了保证试点的良好运行，文件往往还要求申报试点的院校在制度体系、教学管理规范、证书管理团队、教学条件和实习实训设施设备、经费来源保障等方面达到一定的标准，要求参加试点的院校至少能保障其学生参与一个证书的考核。但实际操作中，一个院校一般会申报不止一个证书试点，在目前证书数量规模快速增加的情况下，学校可以根据自身的办学条件和教育部门的要求，同时申报多个证书试点。

除此之外，在通知文件中还会对证书试点工作提出具体要求，包括上一年度未完成项目的处理方法、证书试点学生人数和通过率的最低要求、考核站点的对外开放、参与试点工作的教师考核与激励政策、试点项目提交材料的时间、项目论证审核的程序等，这些都是申报试点的院校需要关注的内容，务必做到符合国家和地方教育管理部门的标准。

（2）与培训评价组织取得联系，了解组织与证书情况。

在满足申报文件的基本条件，并拟定好准备申请的证书后，申报负责人需要联系该证书的培训评价组织。通常，培训评价组织会有专人团队负责 X 证书工作，公开联系方式或和教育部门及符合标准的院校建立沟通渠道。培训评价组织在 X 证书工作的整个过程中都扮演着非常重要的角色，甚至可以说主导了大部分的证书工作，是最主要的责任人。

培训评价组织首先需要满足资质要求，并做好充足准备，进行证书标准的开发，此项工作是证书通过审批进入 X 证书名录的前提。该标准可以联合院校、行业企业、教育及行业协会组织等各方参与，形成科学合理、能够对接行业需求、反映行业发展，并适合对应层次学生的考核体系。随后，培训评价组织需要根据考核标准和内容，开发相应的教材和教学资源，并提供给试点单位。通常，基础性在线资源是免费提供的，教材和精品资源可以收取适当费用，收费项目采取试点院校自愿采购的方式。另外，培训评价组织还需要协助试点单位实施证书培训、进行考核站点的建设、组织证书的考试、完成证书成绩的评定、为合格的考生颁发证书等。因此，证书试点的负责人需要与培训评价组织保持长期的联系，关注组织的动态和通知，共同做好试点工作。

回到证书申报阶段，由于目前证书数量较多，同一个专业可选择的证书也不止一个，这样就给了申报单位更多的选择。在确定最终申报的证书前，我们可以多了解几家培训评价组织的情况，主要关注两个方面：一是企业的综合实力，包括经营状况、市场地位、社会声誉等。可以通过查询公司年报、企业评价，或者现场走访等方式去了解。二是企业在 X 证书方面的投入，包括是否有培训经验、是否有良好的证书管理制度、是否有专职管理团队、是否已经开发出可以使用的培训资源、证书标准和教学资源的建设者资质如何等等。主要方式有查询该证书过往的开展情况、参加证书说明会、与组织的人员交流等。培训评价组织的质量会直接影响到试点培训和考核工作的质量，更重要的是，决定了其颁发的 X 证书的含金量和社会效用，因此，我们需要做好前期调查工作，慎重选择证书种类。

（3）准备申报材料，按时提交申请。

依照教育部门和所在院校发布的通知，准备好各项申报材料并提交审核。我们根据近几年 1 + X 证书试点的申报经验，总结出申报工作的流程，如图 5.2 所示：

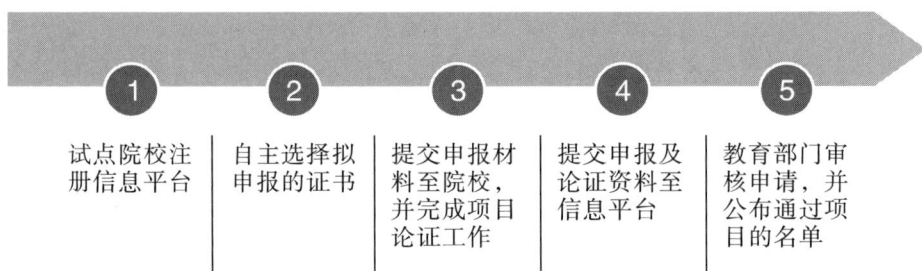

图 5.2　1 + X 证书试点申报流程图

信息平台是指教育部"职业技能等级证书信息管理服务平台"。该平台目前的功能包括发布证书相关通知、文件和新闻，提供证书信息和标准，提供证书查询服务，另外设置了综合业务管理平台、教育行政部门监管平台、培训评价组织业务平台和试点院校业务平台，供各参与方进行业务操作和管理。试点院校的申报备案和后续业务操作须在"试点院校业务平台"完成，以学校名义注册以后即可登录，同一院校不可重复注册。

在提交的申报材料中，最为重要的是两个文件，即试点项目申报表和项目论证报告（或工作方案）。申报表中已列示需要填写的内容，包括申报的基本情况、师资情况和场地情况，注意有些项目需要对照具体要求来填写。表 5.1 是申报表的模板样式，由此可以看出，申报试点的院校和专业在师资配备和实训条件方面需要具备一定的基础，这些数据的收集较为烦琐，但也是必要的工作，数据来源必须真实可靠。

表 5.1　1 + X 证书制度试点项目申报表样式

申报基本情况	试点证书名称		
	试点证书级别		
	参与试点专业名称（按专业分别填写）		
	本专业在校学生人数（人）		
	本专业专任教师人数（人）		
	申请培训学生人数（人）		

（续上表）

师资情况	专任教师人数（人）		
	兼职教师人数（人）		
	高级职称教师人数（人）		
	"双师型"教师占比（％）		
	行业企业专家占比（％）		
	参与试点的师资情况概述（200字）		
场地情况	校内实训设备价值（万元）		
	专业实训室名称		
	专业实训室面积（平方米）		
	专业实训室工位数（个）		
	校外实训基地名称		
	校外实训基地上年使用情况（人次）		

项目论证报告（或工作方案）的编写也是一项重点工作，通常管理部门会提供报告模板，列出几个大模块的标题作为引导。论证报告的主要内容有：

①拟申请证书的情况简介。根据最新要求，一个专业可参与多个证书或多个专业参与一个证书，具体数量规定各有差异。

②开展1+X证书试点的可行性。一是选择与专业契合度高、针对性强、行业企业学生认可的证书。二是具备开展证书试点的相关条件，如师资、设备、教学资源、考核站点建设、培训计划、经费保障等。

③开展1+X证书试点的必要性。包括证书试点目标、证书与专业建设紧密结合、深化"三教"改革、促进校企合作、提升教育教学质量及办学水平等。

④开展1+X证书试点的主要内容及举措。此部分要求列举准备如何开展证书试点工作，尽可能详细地说明具体做法。这里给出一些方向上的建议：第一，课程融合。从证书融入人才培养方案、课程设置和教学方法改革等方面出发进行阐述。第二，校企合作。体现学校和企业的深度合作，做到工学结合，有效利用实训室和实践基地资源。第三，培训能力提升。X证书不仅针对本校学生，还应具有社会性作用，可以向兄弟院校和社会开放，提升院校和企业的社会服务能力，推进终身教育事业发展。

⑤开展1+X证书试点的进度安排。试点建设期为半年至一年，申请人需要从培训评价组织处获得证书培训和考核的大致时间安排，并据此来规划本专业各项后续工作进程，保证在建设期内完成任务。

⑥预期试点效果和论证结论。预期试点效果可以对照前文的试点内容进行编

写，可以适当使用数据对效果进行说明，如证书培训的最低人数、证书考核通过率等。论证结论即总结前文所述，并说明本专业满足证书申报的要求，可以做好证书试点工作。

5.1.2 1＋X 证书的培训管理

5.1.2.1 先武装自己，再传授他人

1＋X 证书的培训具有自身的特殊性，它不同于校内原有的课程，在教学内容、教学方法、教学形式上都有所创新，需要结合具体的证书标准来制订培训计划。由于 X 证书的考核标准和内容都是培训评价组织牵头完成的，试点院校的老师如果没有在前期参与到证书的标准制定和资源建设过程中，可能对于证书的了解是非常少的。经过调查可以发现，很多老师对 X 证书的考核内容和运作情况、相关的管理规定等并不熟悉，对如何开展学生培训更是一头雾水，不知从何下手。因此，对于证书培训的教员来说，做好前期的自我培训和教学资源准备是非常重要的，在武装自我的过程中能够不断加深对证书的了解，完善证书培训和管理制度，为证书建设提出建议。

在试点申报完成后，证书的培训评价组织会采用不同方式，开展师资培训并进行考核，颁发培训合格证书。有的培训是现场授课，也有的机构会采用线上教学或者提供学习资料的方式。对教师的培训不同于对考试学员的培训，教师培训内容的难度、深度和广度都会高于学员培训，教师培训的资料可以作为学员培训的参考，但不适宜全套照搬。对于需要动手操作的内容，则要利用实训场地的设施，或对接培训评价组织的系统平台，可能有时还会采用线上一对一的指导方式。通过师资培训，试点院校的教师将全面了解该证书的评价体系、考核内容、操作规范以及注意事项，只有通过了师资培训考核的教师才能担任学员培训的指导者。

在教学资源建设上，虽然教育部发布的《方案》中，培训评价组织有学习资源开发的职责，但培训评价组织不是专业的教育培训机构，有些组织缺乏培训经验和机制，对学生的学习特点和科学的教育方法缺乏研究，所提供的教学资源可能并不能完全适用，或者这些资源本身的建设工作就没有完成。这就需要试点院校的教师团队在接受证书相关培训后，以培训评价组织提供的资源为基础，结合培训对象的具体情况，运用自身的专业知识和教学技能，进一步丰富和完善教学资源。利用以往课程建设的经验，将证书培训资源进行优化，帮助学生更快更好地掌握学习内容，顺利获得证书。

图 5.3　家庭农场畜禽养殖职业技能等级证书师资培训

5.1.2.2　加强校企合作，践行双元育人

教育部等政府部门推进 1 + X 证书项目的主要目标任务之一就是提高学生的就业能力，借此深化职业教育改革，而证书的主要负责人定位为企业而不是院校，同时试点大多数又建立在职业院校，就充分说明了 X 证书的建设工作需要校企双方精诚合作，共建共创。企业的优势在于了解行业需求，使得证书标准与之精准对接；院校的优势在于具备教育培训的能力和条件、拥有人才储备资源，因此，在开展证书培训方面，应形成"双主体"育人模式，双方各自发挥长处，才能良好推进项目的实施。

总结现有的 X 证书培训方式，可分为以下三类：校内课程型、集中培训型、工学结合型，每种方式都由院校和企业共同参与。

（1）校内课程型。由试点专业牵头，开发 X 证书的配套课程，一般作为对应专业的选修课，纳入人才培养方案当中。以建设专业课程的方式，联合培训评价组织和行业企业人员，对这类课程进行开发。授课教师由试点专业已取得师资培训合格证书的老师，以及企业兼职教师担任。在课程评价方面，采用"以证代考"的形式，即以 X 证书考试作为考核方式，不另外设置期末测试，若 X 证书考试未通过，则该课程亦不及格，无法获得学分；若 X 证书考试合格，则以考试成绩为重要参考，可适当加入平时成绩，判定为该课程的最终成绩，学生在获得 X 证书的同时，也能够得到该课程的学分。这种培训方式的好处是，将 X 证书的培训纳入课程体系中，课时安排更合理，能形成持续性的培训效果，将培训作为课程，学生会更加认真地对待。

（2）集中培训型。不设置 X 证书对应的课程，而是根据学校每年申报证书的情况，在相对集中的时间里组织专场培训，培训的地点可以在校内实训室或校外实践基地，能满足证书培训设施要求即可，培训的讲师可以是校内教师或企业人员。集中培训最大的优势是灵活方便，能在较短的时间内完成培训，适合基础较好的学生。这种方式往往可以吸引更多的学生来参加，但在最终参加考核的人数上不好把控。

（3）工学结合型。这种培训方式类似于顶岗实习，是由培训评价组织或相关企业牵头，利用校外实践基地或企业提供的场地和设施，让学生在实习的过程中，完成 X 证书的培训。一般而言，X 证书会包括理论部分和实操部分，注重某一方面的技能考核。比如城市轨道交通车辆维护和保养证书，其技能等级标准（初级）就包括一项理论要求（检修制度和标准）和十一项技能要求（检修常用工具使用、车体检查与故障记录等）。理论知识可以在前期的校内课程中积累，在实习时针对 X 证书的特色内容进行补充讲解，实操技能则可以在实习过程中得到很好的锻炼与提升。工学结合的培训方式对学生的实践能力培养更为有利，但也对试点专业的管理能力和把控能力提出了更高的要求。

图5.4 城市轨道交通车辆维护和保养证书培训现场

5.1.2.3 了解注意事项，保证项目质量

在 1＋X 证书试点刚刚起步的两年，一些政策规定尚不完善，经过试点参与各方的积极探索，相关的管理制度越来越规范、合理，同时也更加细致和严格，因此，在开展证书试点工作时，要熟悉各项规则和要求，切忌因为小处的疏忽而导致试点项目未能顺利完成。根据证书试点开展的经验，这里提出几点需要特别注意之处，我们若做到心中有数，未雨绸缪，便可避免这些纰漏。

（1）参与培训与考证人数达标。

各地市教育部门下发的文件或通知中，会对每个证书参加培训与考核的人数作出规定，随着后期证书数量的增多，人数要求也有所下降。前两批证书数量少，培训人数容易达标，往往还会多于规定的指标。但目前证书数量大幅增加，一个专业的学生可以同时有好几个证书供其选择报考，那么"招生"就成为一个需要考虑的问题。负责证书培训的教师们可以从以下方面着手解决：

第一，慎重选择申报的 X 证书，这点在前文已经提到，此处不再赘述。第二，向学生普及 1 + X 证书规定，让学生了解证书的重要性，帮助他们合理选择证书。第三，告知学生相关鼓励政策，比如考证费用的减免，学习资料和设备的免费使用，证书可抵扣专业学分，在学分银行中进行储存终身有效，等等。此处需要特别说明的是，对于学生的考试费用，教育部门出台了减免政策，可以免去在校学习期间一次考证的考试费，但参加多项证书考核，或未通过考试需重考的，需自行缴纳费用。不同的 X 证书考试费用也有差别，可以利用政策，引导学生合理规划考证。第四，可根据院校自身情况，修改人才培养方案的考核内容，决定是否将考取至少一项 X 证书作为毕业条件。

（2）考证通过率达标。

除了规定考证人数以外，有些地区还会对考证的通过率提出要求，也就是说，我们不仅要"保量"，还要"保质"。保障通过率最有效的方法就是做好证书的培训工作，除了前文所述选择合适的培训形式以外，更重要的是教师专业知识技能和教学能力的提升，以及教学资源的优化。同时，负责培训的教师和企业人员，要清晰地认识到 1 + X 证书培训的特殊性，以通过证书考核为现实目标导向，以提升学生的职业技能和职业素养，提高就业竞争力为最终目标导向。无论采取何种培训形式，都要制订完整的教学计划，认真履行教书育人的职责，对学生严格要求，这样才能完成好试点项目建设的任务，达到 1 + X 证书制度设立的目标。

（3）日常管理不可忽视。

如果你成为证书试点的负责人，那么你的职责不仅仅限于试点的申请、证书培训和组织考核，实际上，各种与证书相关的需要试点专业参与的工作，你都要按时按量完成。比如在试点建设期间，定期汇报项目的进展，包括师资培训、学生和社会培训、考证安排、遇到的困难和所需的支持、政策建议等。再比如在对本校学生开展培训之余，响应管理部门号召，提升社会服务能力，将培训和考核站点对外开放，供兄弟院校和社会人员使用，并做好相关管理工作。还需要与培训评价组织保持联系，关注组织发布的通知，提供各类临时所需的资料，与企业相互配合建好证书试点。总之，1 + X 证书试点项目并不是一项单一的工作，也无法一个人完成，院校多级部门有效联动、组建专业内的管理团队，以及与培训评价组织深入合作，是建成高质量 1 + X 证书试点的有效保障。

5.1.3　1＋X 证书考试与学分银行管理

5.1.3.1　第一步：申请证书考核站点

在举办 1＋X 证书考试之前，试点专业需要进行该证书的考核站点申请，通过申请后才能在校内或申办的指定场所进行考试。一般来说，考点必须是证书试点院校，预计考试的人数不少于 30 人，另外对考点的设施、考试管理团队、监考管理等考试组织能力有一定的要求。如果某些院校不符合审核标准，可以联系培训评价组织到其他考点进行借考，借考分配由培训评价组织操作处理。

首先，根据培训评价组织的通知准备申报材料，完成后递交给培训评价组织审核。申报材料包括考核站点申报表、法人单位证明、年审记录（无须年审的单位除外）、其他证明材料等。其中，考核站点申报表需要填写的内容较多，除了学校基本信息之外，还需要填写学校的考试基础和本次证书考试的组织安排，以证明该院校具有举办 1＋X 证书考试的经验和实力，能够按照培训评价组织的要求，安排好考试管理人员和监考团队。另外，培训评价组织会列出考试需要的各项设备，如电脑、网络、实践考核的操作工具、用品、材料、监考设施等，并对设备参数和数量要求进行说明，考核站点需要满足这些要求，方能保证顺利开展考试。

其次，在证书信息管理服务平台上填写考核站点信息，提交申请，这一步工作可以和上述材料准备工作同时进行。试点院校登录业务平台，查询到本证书的考试计划后，先进行考核站点申报操作，然后设置考场信息。考场信息主要填写具体的考试地点、考场类型、座位数量等。目前有 3 种考场类型：机考考场、实操考场、笔试考场，按实际情况选择。随后等待培训评价组织的审核，按反馈的情况进行修改和补充资料。

最后，如果证书考试是机考形式，培训评价组织会开发出单独的考试系统。也就是说，证书信息管理服务平台只起到信息管理作用，而非实际考试的平台。在考试系统中，可能需要另外为考点开通账号，对于这部分的操作，需联系培训评价组织，做好考试的准备工作。

考试组织流程如图 5.5 所示：

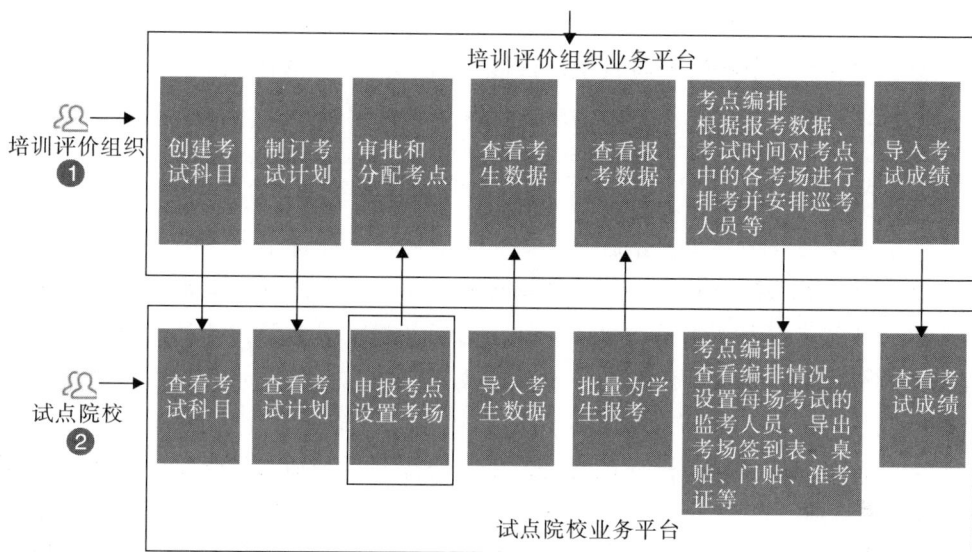

图5.5　证书信息管理服务平台考试组织流程图

5.1.3.2　第二步：组织报名和考试

考核站点审核通过后，我们需要收集学生的信息并进行批量报名。报名流程如图5.6所示：

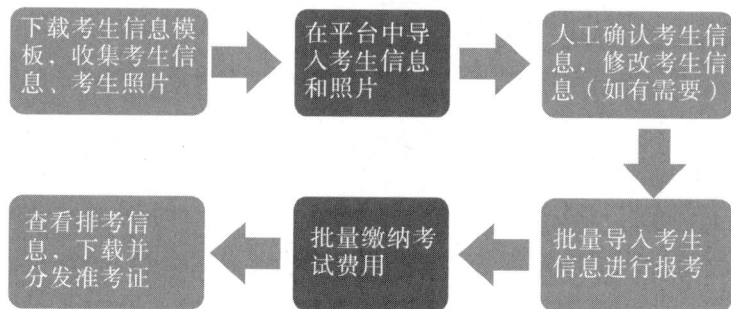

图5.6　学生报考流程图

首先，我们从信息管理平台下载考生的信息模板，一定要按照模板要求填写好考生的个人信息，所有学生信息必须按要求完善，并且要通过系统的实名认证，否则会导致无法报考和发证。无论学生参加几次考试，考生信息都只需导入一次。同时，平台对于考生的照片有具体的要求，不合格的照片将在审核中被退回，该照片是将来印发在证书上的照片，因此需要认真对待。

随后，将考生的信息和照片导入平台中，并提交审核。系统会将导入的所有学生信息通过人脸核验技术进行实名认证。但有小部分的学生由于照片不够清晰或其他各种原因，导致技术认证失败，这类数据需要学校进行人工验证。所有的考生信息通过审核后，即可在规定时间内进行报考。

关于考试费用的缴费，若培训评价组织要求在平台上完成缴费申请，则需要在平台上提交缴费申请单，生成申请单后，根据培训评价组织提供的付费方式在线下支付相应的费用。若培训评价组织有另外的缴费方式，没有要求在平台生成缴费单，则此步骤可以省略。目前看来，由于各地区对 X 证书考试费有减免政策和专项经费支持，所以费用缴纳一般在后续工作中完成，不成为学生参加考试的前提条件。

最后，培训评价组织根据提交的信息，安排考试的场次和座位号，学校可查看考场编排明细，并可以下载考场签到表、桌贴、门贴、准考证等信息，用于布置线下考场，组织考试。

图 5.7　无人机驾驶证书考试现场

开考前夕，试点专业要按照培训评价组织的要求，以及所在学校考试组织管理制度，合理安排考试管理的人员和监考团队，准备好考试所需的物资和设备。培训评价组织会召开考前培训会，要求监考人员和技术人员参加，讲解设备和网络系统的使用方法、考核标准、考试时的注意事项等。培训评价组织还有可能会组织模拟考试，建议考点尽量都参加，这样既能让考生熟悉考试情况，又能让考试管理人员发现可能存在的问题，尽早排除隐患。

在 1 + X 证书考试的过程中，除了完成普通考试的工作之外，我们需要尤其注意的是，很多证书考试涉及职业操作技能的考核，所以需要保证考试所需物资的充足、操作设备和系统的正常运行，以及万一出现设备问题应该如何解决，提前做好应急方案，保障考试的顺利进行。

5.1.3.3 第三步：考后管理与学分转换

（1）1+X证书的发放。

在学生完成考试后，由培训评价组织最终核定考试成绩，通过的考生即可获得相应的证书。证书虽由培训评价组织制作，但也需要试点院校共同签发。双方通过证书信息管理服务平台，在线签发证书，形成可供下载的电子证书。

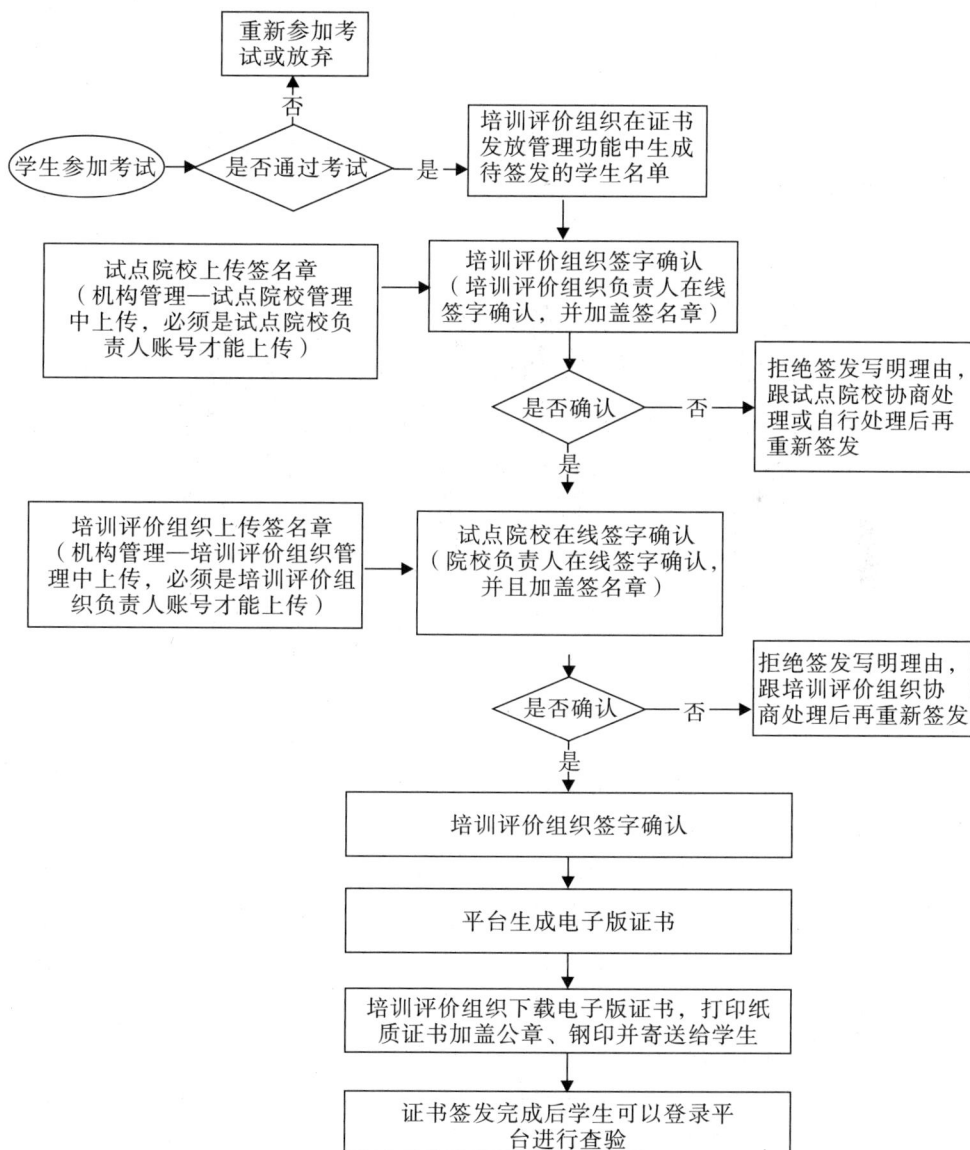

图 5.8　证书签发流程图

试点院校在平台上需要完成的工作有两项，一是上传负责人签章。一个试点院校无论参加多少个证书的试点，只能设置一个考核站点的负责人，要求副校长及以上职位人员担任。上传的负责人电子签章要清晰无误，此签章仅限于确认签发证书时使用。二是在线签字确认签发证书。通过考核的考生名单生成后，需要试点院校和培训评价组织在平台上进行在线签字确认，并加盖签名章，如果有一方不同意签发，证书都无法正常发放。审核时需要认真仔细核对证书的各项信息，因为一旦签发操作完成，将不可撤回。

线上操作完成后，纸质证书由培训评价组织打印后加盖公章、钢印，寄送给试点院校进行发放。考生可以通过身份证号和证书编号在平台查验自己的证书。

（2）考后总结工作。

在考试工作结束后，各地的教育管理部门以及试点院校将开展考后工作的总结和其他相关活动。最常见的总结方式是由各证书试点的负责人撰写"自检自查报告"，并交由上级部门汇总。报告的内容主要包括：试点工作的基本情况、建立健全工作机制情况、书证融通和"三教"改革情况、实施高质量职业培训情况、师资培训情况、考核站点建设与开放共享情况、统筹规范管理试点经费情况、试点工作经验做法，以及下一步的工作举措等。有的试点还需同时提交本证书试点工作典型案例，案例主要聚焦于试点工作举措和成效。

除了1+X证书试点本身的建设与考核工作以外，很多院校也开展了与之相关的很多活动，比如以证书试点为契机，与相关企业和行业组织达成合作关系，共同开展其他的校企合作项目。另外，组织和1+X证书相关的培训和讲座，开展1+X证书相关的科研项目，通过证书学习提升学生的职业操作技能并参加技能比赛，等等，这些都是由1+X证书衍生出来的教研活动。由此也可看出，证书的实用价值还有待进一步深入开发。

（3）学分银行管理。

教育部在《方案》中同时提出要探索建设职业教育国家"学分银行"，国家学分银行实际上是用来储存个人的教育成果并进行学分转换，形成多渠道、多形式、多方位的资历构建模式，让个人的成就不仅仅由学历证书来体现。目前学分银行的建设尚在起步阶段，其成果名录中只有1+X证书，获得成果名录中的证书，即可以申请转换相应的学分，并在学分银行中进行储存。X证书的培训评价组织必须在学分银行平台上提交学分转换申请，通过核定后才能进入成果名录，目前已有的X证书并未全部加入名录中。所以，是否能够在学分银行进行学分转换，也是我们在选择证书时的考量因素之一。

对于个人来说，在获得名录中的X证书后，可以自行在平台申请转换学分。首先由个人实名注册账户，然后可进行成果的登记、存储和转换。学习成果登记是指学习者将自己的各类成果，包括学历和非学历成果，登记到学分银行的个人账户中，平台会给予一定的积分奖励。成果存储是在成果登记以后，将成果进行真伪校验，如果通过校验，再经过和成果名录的对比，就可以获得相应的学分，储存在银行中。另外，还有学习成果的转换。学习者将存储的学习成果，依据匹配的完全适用转换规则进行申请转换，转换成功后将获取转换成果，可持转换证明到相应机构兑换课程学分或证书、证书模块。

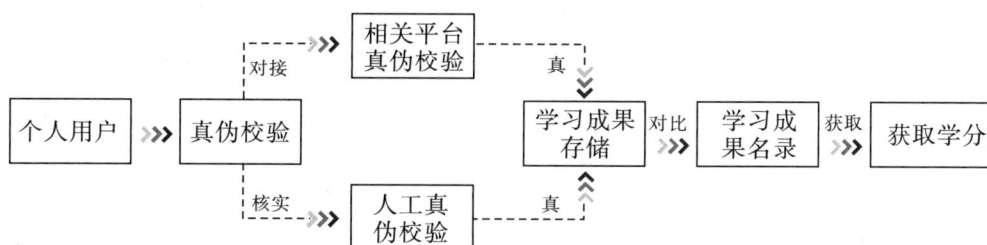

图5.9　学分银行学习成果存储流程图

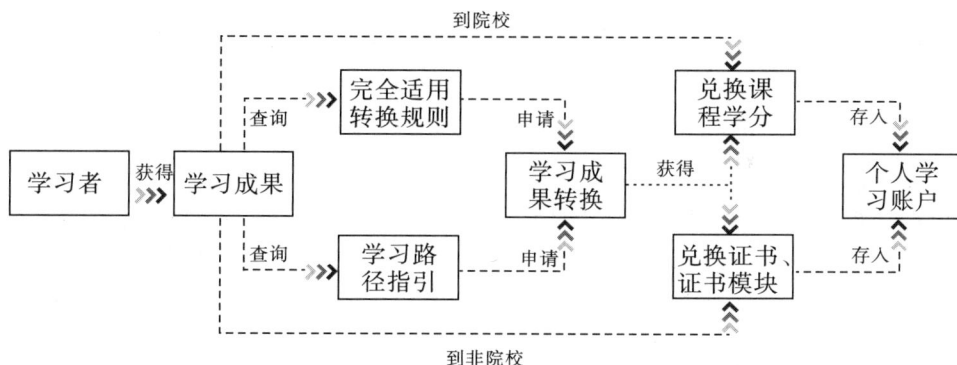

图5.10　学分银行学习成果转换流程图

5.2　校外实践教学基地

随着行业产业升级的加快，应用型人才培养模式的改革逐步深化，校外实践教学基地作为实践教学与企业生产有机衔接的实训场所，已成为培养与企业需求"零距离"对接的技术技能人才的重要平台，对于学生的职业精神、实践能力和创新创业能力的培养都起到关键的作用。校外实践教学基地可分为校级、省级和国家级，不同级别的基地在申报条件、建设期间、经费管理和验收要求等方面有所差异。但无论是哪个级别的教学基地，其主要建设机制都是以学校主导，以企业为实施主体，以提升人才培养的适应性为目标，建成行业企业深度参与的校企共建、共管、共用的高水平专业化产教融合实训基地。

5.2.1　如何建好校外实践教学基地

5.2.1.1　了解条件要求，做好准备工作

实践教学基地的建设需要做好很多准备工作，且不论省级和国家级的基地，一般都是从低一级别的基地中进行筛选和认定，即使是校级实践教学基地的申请，也需要具备一定的条件和前期建设的基础。也就是说，在被正式认定为实践教学基地之前，学校和对应的企业就已经开展过某些合作的项目，并且已有一定成效。基地建设前的主要准备工作包括以下三个方面：

（1）企业的资质要求和基础条件。

由于实践教学基地依托合作企业而建立和运行，因此企业的硬件设施和软件配备都需要达到相应的条件。在综合实力方面，学校会优先考虑经发改部门入库培育企业、大中型知名企业或行业领先的企业，如世界500强企业、地方行业龙头企业等。在基地的硬件设施上，要求设备先进、运行良好、功能完善、利用率高、专业性强、能满足生产性实训的需求，有的学校还会对企业厂房或办公区域的面积、实训设备的数量、住宿条件等作出具体的规定。在软件配备上，主要是考量校企合作的规章制度、企业本身的组织管理体系、企业导师的条件和资质、学生实践的计划方案、实习的薪酬制度、对学生创业和就业的帮扶规划等，以保证校企深度合作范式下的实践基地的后续建设能够顺利实施。

（2）学校和专业的基础条件。

实践教学基地的建设由学校或某些专业牵头实施，学校方面既是基地的直接责任人，也对基地的各项建设指标和教育部门的要求理解得更为透彻，因此，学校自身也必须具备相应的基础条件，才能起到良好的导向与管控作用，成为基地顺利运作的有力保证。省级和国家级实践基地会倾向于高水平职业院校或一流应用型本科院校，当然，已形成优秀成果的实践基地也是有力的竞争者。从学校层面来看，有的院校会明确申报的基地应服务于学校的重点建设专业（群），有的则会更加偏向于工科专业和新型技术专业，还有的要求共建专业应已有一届（含）以上毕业生，即不能为刚刚成立的新专业，这些都与学校自身的属性和发展定位有关。另外，共建专业的师资力量、生源情况、校企合作经验、校内实训场所建设情况、基地建设方案的质量等，也是能否成功申请实践基地的重要考量因素。

（3）校企合作的条件与要求。

对于校企双方合作的要求主要有两个方面，其一是关于时间和人员方面。实践基地的建设期一般有明确的规定，从 2 年到 5 年不等，这就要求双方的共建方案要满足时间要求，各项工作进度安排合理，并且在建设期内保质保量完成任务。人员要求主要针对学校和企业的导师，必须数量充足，资质合格；学生方面，同一时期接纳学生的数量和总体数量必须达标，基地有良好的实训条件，能合理安排相应数量的学生。其二是对应基地建设的各项预期成果，校企双方必须有一定的经验基础和完备的实施方案，并且有较为完善的管理制度，保证方案的顺利实施，这些条件需要在申报书中明确体现。

5.2.1.2 以目标成果为导向，明确建设内容与重点

在拟订实践教学基地建设方案之初，就应按照要求设定建设的具体目标成果，以此为导向构思建设思路，确定建设的内容和重点，分解建设计划的安排步骤，努力将其建设为更高级别的示范性实践教学基地。在产业和教育发展的不同时期，基地建设的细分目标也会随之改变，如 2021 年教育部制定了新版的高校专业目录，行业数字化和智能化发展上升到新的台阶，等等，那么基地建设也需要与这些新的变化相适应。下面将分析具有代表性的重点建设内容，新时期改革的要素也基本可以融入这些内容当中。

（1）基地实训场所建设。

在建设期准备阶段，基地共建企业应当已经具备软硬件设施的基础条件，但在实际建设期，仍然需要对照目标成果，对实训场所进行升级改造，构建融"教、学、做"为一体的教学环境，体现基地教学的现场化思路，真正做到"知行合一、工学结合"。实训场所包括教室、实操区域、生产车间、营业场所等。实训场所通常可分为三类，即联通型、一体型和流水线型。基地可以根据实训项目的特点和教学需求来进行选择和设计。

①联通型。教学区和实训区相对独立又相互联通，整体上处于同一个实训空间。适合需要对理论知识有较为综合的把握后，再进行实训操作的项目。

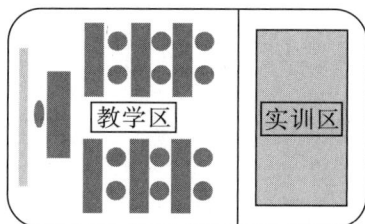

图 5.11 联通型实训场所示意图

②一体型。根据教学需要，将实训场地分为若干个区域，各区域之间没有明显的界线。常见的一体型实训场所包括三区一体、四区一体等。适合知识与技能需要融会贯通，学生自主学习和探索能力较强的项目。

图 5.12　三区一体实训场所

图 5.13　四区一体实训场所

③流水线型。按照操作环节或流程进行分工协作，形成流水线型作业场所，该场所通常将教学区和实训区整合在一起。这类实训室可用于大型机房或仓储项目，且所使用的设备和实际工作基本一致，最终可以生产出达到企业出厂要求的产品。

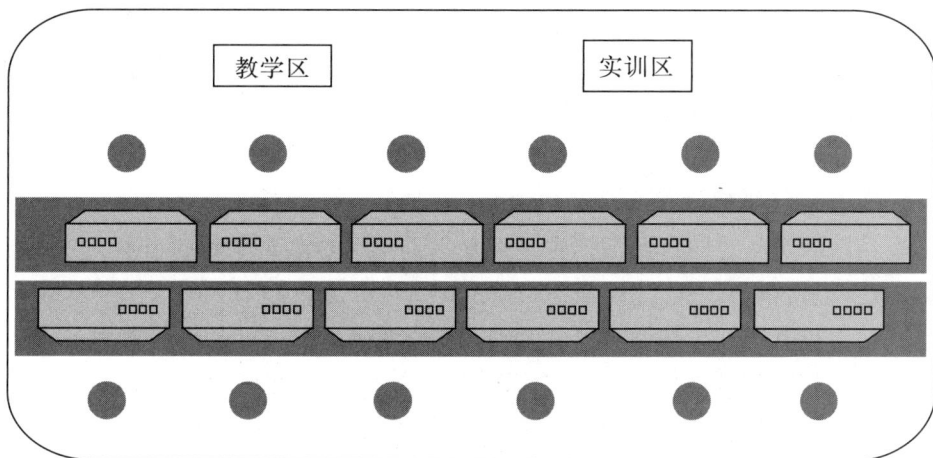

图5.14　流水线型实训场所示意图

　　在生产资料和实操任务的设定上，前期可以采用仿真模拟的训练模式，但要求操作资料尽可能与实际生产资料相一致或高度相似，同时提高实训场所的利用率，真正做到"实境耦合"。在学生掌握一定的知识技能后，可以逐步将真实的工作任务引入，让学习与工作任务对接，使学生获得成就感，也为企业带来现实利益，实现校企"双赢"。

　　（2）课程与教学资源建设。

　　校企合作共同开发的课程和相关教学资源，常常被作为实践教学基地建设的重要成果之一。课程建设的途径主要有两种，一种是在学校已有的课程中，挑选与合作企业的业务相关度较大，容易开展实践训练的课程，结合企业的专长和基地建设需要，对其进行修订、改良和扩充。这样的课程可以选择延续以往的名称，也可以改为新的理实一体化课程。或者选取学校已建成或正在建设的精品课程，在不改变原有的教学重点的基础上，邀请合作企业提供实践教学资源，更新实操案例，丰富教学资源库。另外一种是集合学校和企业双方的力量，共同开发全新的课程。这样的课程必定是以行业企业的相关业务为主体内容，会更加贴合实际业务，甚至是为企业人才培养而专门定制的课程，因此也需要企业方面投入更多的人员和资源。更进一层，则是由企业来扮演牵头人的角色，进行课程的总体规划、建设和教学，这种情况在"订单班"和现代学徒制的教学模式中更常见到。

　　课程建设可以产生具象的成果，除了课程本身之外，还有一些相关的外延成果，主要包括由校企合作制订的专业人才培养方案、课程标准，合作编写的教材，制作的教学音像（如课程录像、微课等）、习题和实训题库、各种形式的教学资源（如影像资料、图片资料、案例、规程等）。相较于由学校自建的课程而言，校企合作课程的主要特点在于实践应用性强、行业贴合度高、与时俱进，因此，在课程共建的过程中，要充分挖掘企业的资源优势，将行业的新技术、新工艺、新标准引入课程中，推动新型工作手册式、活页式教材的建设，培养适应行业发展的高质量应用型人才。

（3）教师队伍建设。

在实践教学基地的建设工作中，教师起到不可替代的关键性作用。实际上，基地的建设和教师队伍的建设是相互促进的，良好的教师团队可以保证基地的建设水平和运行效果，而基地本身也为提升教师素质提供不可多得的训练平台。如今职业院校和应用型本科院校对"双师型"教师的培育尤为重视，教育部门也将"双师型"教师的数量和比例作为评定学校质量的必要指标，校外实践教学基地在培养"双师型"教师方面拥有得天独厚的优势。

从学校角度来看，教师队伍建设的途径主要包括"引进来"和"走出去"，总的来说就是实现校企教学人员的"双向流动"。"引进来"是指将企业人员引入学校和课堂，常见做法有聘任企业兼职教师、邀请企业人员来校举办讲座和培训、吸纳具有丰富企业实践经验的人员成为专职教师等。在实践教学基地的师资建设中，"引进来"的做法可以加深学校教师对行业的了解，但只是起到一定的辅助作用，因为这类方式的阵地是在学校内部。基地教师团队建设应当更关注"走出去"，组建教师管理团队，制订切实可行的培训计划，设置相应的奖惩机制和绩效制度。一方面由企业选派技术骨干对进厂教师进行培训和考核，着力提升教师的实践能力；另一方面，由学校优秀教师对企业导师进行教育学和心理学有关知识的培训，让企业人员掌握教育规律和教学方法。另外，还可以实施教师到共建企业挂职锻炼计划，让教师承担起岗位职责，完成企业真实的工作任务，帮助教师在实践中学习和积累，提升职业技能和职业素养。学校和企业还可以鼓励教师和员工参加国家高级职业资格证书的考试和鉴定，对获得高级职业资格证书的人员进行奖励。

（4）教学模式革新。

为了达到产教融合、知行合一的教学目标，校外实践教学基地大多采用"双导师制"的教学模式。校内教师与企业导师密切合作，双方共同制订学生实训计划，对学生的实训内容进行准备与教学。这种双导师制的"交互指导"模式，让校内教师偏重于对学生的理论指导，企业导师偏重于对学生的实际操作的指导，使学生在理论发展与实践技能提高两方面都可以得到支持与帮助，理论训练和实操训练有机结合，相互促进。

根据学校和企业在角色与职能方面的差别，可以将教学模式变革的方向分为三类，即实践型课程、顶岗实习，以及现代学徒模式。实践型课程由学校教师作为主要负责人，顶岗实习则以企业为主导方，现代学徒模式将学校和企业全面融合，从招收学生开始，直到学生毕业就业的整个过程，涉及学生学习和生活的各方面都由双方共同完成。这三类模式都可以在校外实践教学基地中进行，它们之间并不相互排斥，采用前两种形式的情况更多一些，而现代学徒模式由于对校企合作的深度要求更高，教学基地往往作为开展学徒制的前期基础。

表5.2　校外实践教学基地教学模式

类型	学校职能	企业职能	建设重点
实践型课程	·教学责任方 ·课程标准、教学方案等制订 ·教师全程教学指导 ·引导企业参与教学 ·学生成绩主要评定人	·教学辅助方 ·协助制订教学方案 ·提供实践教学场地和资源，或企业项目和任务，提供适当指导 ·参与学生成绩评定	学生在基地的时间有限，需选择合适的教学项目，灵活安排教学时间，提高基地使用效率
顶岗实习	·教学辅助方 ·实习方案制订 ·联系校方与企业，提供学校可用资源 ·参与学生实习管理 ·参与学生成绩评定	·教学责任方 ·实习方案制订 ·企业导师全程指导 ·提供实习场地和资源、给付薪资 ·学生成绩主要评定人	学生在基地的时间集中，对基地的设施、容量和导师素质要求较高，企业要切实承担起教导责任；校方须做好前期准备工作，在配合企业的同时，保障学生利益，做好管理工作
现代学徒模式	·理论教学责任方 ·共同负责人才培养方案、课程标准、教学计划等制订 ·学校教师分段指导，与企业保持紧密联系 ·提供教学场地和资源 ·学生在校内成绩的主要评定人	·实践教学责任方 ·共同负责人才培养方案、课程标准、教学计划等制订 ·企业导师分段指导，与学校保持紧密联系 ·提供实训场地和资源 ·学生在企业成绩的主要评定人	学生在基地时间较长，在学生和企业实习员工的角色切换之间易出现转变困难。科学的教学安排、校企双方有效的资源整合、双方的责任划分与深度合作、校企老师的综合素质培养、心理疏导等方面的工作尤为重要

5.2.1.3 重视保障制度建设，确保项目顺利实施

（1）构建有效的组织管理体系。

校外实践教学基地采取校企共管的基本模式，主要涉及的内容有人员管理、规章制度、日常管理等，每个大类又包含多项细分内容：

①人员管理：基地负责人（校企双方责任人）、教学管理小组（或校企合作项目经理）、学校教师和企业导师团队、基地培训学生。

②规章制度：校外实践教学基地管理制度（校企合作管理制度、基地建设管理制度、基地日常教学管理制度等）、实践教学课程管理制度（课程标准与授课计划、实践教学项目教学方案、课程考核方案等）、顶岗实习教学管理制度（人才培养方案中涉及顶岗实习的管理办法、顶岗实习计划书、顶岗实习监督管理及考核制度等）、现代学徒制管理制度（校企合作管理制度、学徒制人才培养方案及课程设置、学徒日常管理方案等）。

③日常管理：制定实践教学基地日常管理制度、落实管理小组的职责、定期巡查与考核、做好日常记录和期末总结工作、制订特殊情况或紧急事故处理方案。

良好的组织管理体系是实践教学基地顺利运作和长期发展的重要保障，可以依托学校原有的组织机构，如二级学院、校企合作办、教务处、继续教育办公室等，联合企业的对应机构，形成多层级相互协调的管理组织。图5.15是由校企双方多机构组成的基地管理结构图，在这种模式下，各级机构各司其职，精诚合作，以保证基地的建设质量。

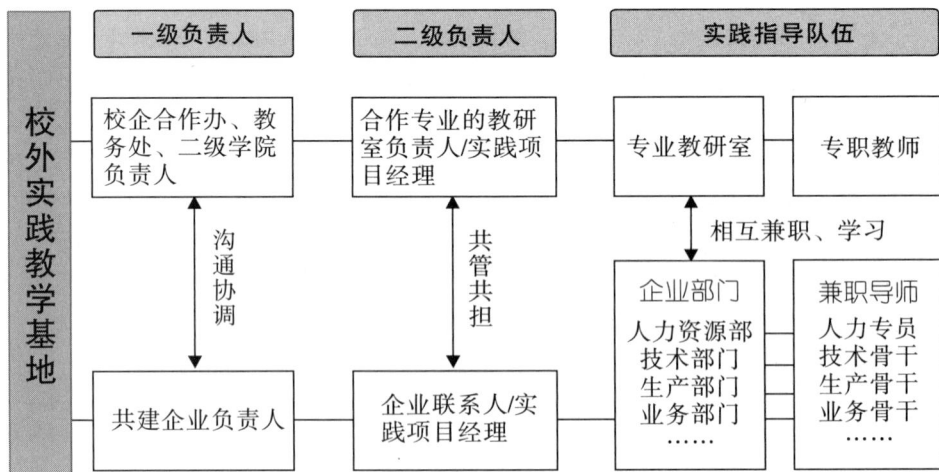

图5.15 实践教学基地管理结构图

（2）确保双方经费投入。

对于教学基地的建设，学校和教育部门会给予特定的经费支持。大部分院校会设立专项建设资金，制定经费管理办法，实行独立核算，加强资金的管理，提高使用效益。这部分资金，来源有一定的保障，因此管理重点是做好开支预算，并根据基地建设的情况及时调整预算和开支，使得经费得到充分而高效的利用。

企业在资金投入方面的动力、力度以及稳定性与学校有一定差距，这也是基地建设在准备工作中强调共建企业资质和实力条件的重要原因。业务发展好、综合实力强的企业，在预备人才培养方面会更为积极，而对高校学生或应届毕业生的培养和聘用也成为一些大型企业履行社会责任的重要方式。在经费投入方面，需要和企业签订相关协议，明确各时期经费的金额和使用方式，以确保企业能切实履行自己的职责。企业经费的用途主要包括场地、设备、生产资料、培训资源等开支，另一个重要部分是发放给长期在基地实习的学生的补贴或薪酬，以及为学生提供餐饮住宿等服务的开销。企业在付出经济成本的同时，也能为自身储备适应性强、专业技能高的实用型人才，学生的教学成果也可以通过转化为企业带来实际收益。另外，与高校合作，可以让企业有机会获得学校资源和教师团队的支持。这些都对企业的长期发展起到十分有利的促进作用，也是企业经费投入的重要动力来源。

（3）多管齐下，保障教学质量。

学生的培养质量高低是教学基地建设是否成功的重要考量，尽管学生是在校外进行实践活动，或者是以实习生、学徒等身份参与企业的工作，但他们依然具备学生的身份，基地的建设者和管理者必须时刻坚持"以学生为本"的原则，不可将企业利益置于学生利益之前。

高质量教学的保障需要多方的共同努力，除了做好前文所述的软硬件建设、组织管理制度、教师团队素质、教学模式与方案等方面的工作，还有几项容易被忽视的工作，也对学生培养质量起到重要的作用：

其一，教师的个人修养和道德标准。在选派教师的时候，尤其是企业导师，我们常常更重视其专业技能的水平，实际上，教师的人格魅力对学生有着至关重要的影响。学生在实践基地学习和工作时，学生和员工的角色转变是一大难题，容易出现心理上的焦虑甚至反感。他们最直接最频繁接触到的指导者就是企业导师，如果企业导师没有做好沟通和心理辅导工作，就容易导致和加重学生的负面情绪。导师的一言一行对学生都会产生影响，这就对导师的职业操守、思想观念和道德水平提出了较高的要求。如果学生的心理负担沉重，或者形成了不良的社会观念，那么即便其他的各项教学条件都很好，也难以培养出高质量的人才。因此，学校和企业在选派导师时，务必选择认真负责、品德优良者。对于企业导师，可以利用学校培训来提高教学能力和师德标准，企业方面也可以设置奖励措施，来鼓励导师尽职尽责，以学生发展为己任。

其二，良好的监督与评价机制。学校和企业在制订基地建设方案时，常常会忽略监督和评价机制的重要性，在过程管理和终期验收时，往往只通过文字性材料进行检查，难以了解基地建设的真实情况。监督与评价机制需针对校企合作组织的每个层级分别制定，包括管理方、教学方，以及学生群体。每一层级可以由上一级进行监督考核，设定监督责任人，规定检查的方式和时间，并落实奖励和惩罚制度。对于监督者同样要有考核与评估，如果确实有不称职的人员，要按规定进行处理。在基地建设过程中，根据监管者和各方的反馈，适时地调整建设方案，要勇于改变原有计划中不合理或遗漏之处，形成动态发展局面。

5.2.2　校外实践教学基地的验收与后续发展

5.2.2.1　对照验收标准，组织验收材料

在预定的建设期结束后，学校和教育部门会对基地的建设情况和成果进行验收，有时在建设期内还会进行阶段性的检查和验收。验收时基地负责人需要提交相应的文件和材料，这些资料涵盖从建设申报直至验收的整个过程，因此在基地建设期间，需要注意收集和整理。图 5.16 是按照时间顺序列出的需提交的主要文件。

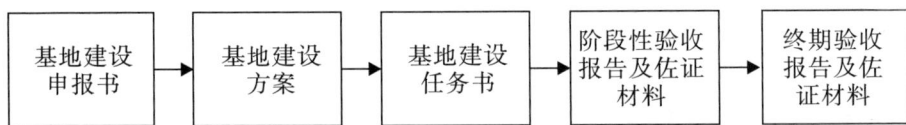

基地建设申报书 → 基地建设方案 → 基地建设任务书 → 阶段性验收报告及佐证材料 → 终期验收报告及佐证材料

图 5.16　实践教学基地文件提交流程图

基地建设申报书在申报期内填写，内容较为全面，包括基地的基本情况、前期建设基础、建设目标和思路、建设内容与计划、基地管理方式、建设保障条件等。

基地建设方案主要包括人员配置、基地管理办法、基地建设的具体内容、学校和企业各方的职责等，建设方案一般与申报书同时制订，或在基地立项后不久完成。

基地建设任务书在立项后进行撰写提交，任务书的主体内容是将基地建设的内容进行分解，可以设置多个子项目。任务书将每个子项目的建设目标、时间计

划进行细化，并列出具体的项目成果，制作任务书时需设置合理的目标成果，因为对基地验收时将对照这些条目来进行。

阶段性验收可能按建设年度进行，或者在中期开展，建设期结束后则进行终期验收，验收报告的主要内容是汇总建设任务的完成情况，一般有列表和综合叙述两种方式，还包括资金使用情况，同时需要提交对应的佐证材料。对于没有按期按量完成的项目，可以根据文件要求进行延期申请。对于不合格的建设项目，将采取收回经费、暂停项目，或取消一定时期内再次申报的资格等惩罚措施。

5.2.2.2 拓展基地功用，建立长效机制

（1）深挖基地内涵，持续有效发展。

校企合作的形式多样，内容丰富，校外实践教学基地的意义不仅仅在于建立基地本身，它还可以作为其他合作项目的前提基础和构成部分。比如利用实践教学基地，建设产业学院、合作开放平台、以企业为管理主体的培训学院等。在此基础上，加强学校与行业协会、其他知名企业、兄弟院校、地方政府等多元化主体的交流与合作，为落实"双元培养""工学交替"等人才培养模式提供平台。

校外实践教学基地还可以反向推进校内的专业建设，通过充分对接校内专业与知名企业的优势资源，可以在校内实训室建设、理实一体化课程改革、新型教材改革、立体化教学资源建设、"双师型"教师培育等方面进行深入合作，为打造高质量的专业（群）和学校提供宝贵的经验和有力的支撑。

（2）实行开放共享，扩展基地功用。

近年来，校外实践教学基地的外延功能越来越受到重视，设立开放共享机制能有效提高基地的使用效率。基地除承担共建学院的学生实践教育任务外，通常还会向其他专业、学校或社会开放。

①建立开放共享制度。

由实践教学基地领导小组指派专人负责基地对外开放与共享，建立健全相关管理制度，设立《实践教学基地对外开放管理办法》，加强基地对外开放共享管理，同时保障实践教学基地内学生的正常学习与生活。

②共享课程资源库建设。

在现有教学资源库的基础上，增加实践教学基地实践项目及内容，将其提升为集案例分析、技能培训、业务展示等多个功能模块于一体的网络平台，向校内外不能进入基地学习的学生开放，以满足他们的实践教学需要。

③开放型交流平台建设。

联合学校、企业和行业协会等相关主体，共同建立开放型交流平台，将基地的建设成果定期或不定期地面向全省乃至全国的学校、企业、行业协会进行发

布，鼓励多方在平台上进行交流协作，提供合作资源。有条件的实践教学基地，可以适当接纳外校师生前来学习交流。

（3）推进成果转化，提供社会服务。

实践教学基地的服务对象不应仅限于学校和企业，在保证学生教学任务顺利完成的同时，也要重视将教学成果进行转化，形成有社会应用价值和经济价值的实际产出。比如校企联合开展专业技术应用研究，申请各项专利，推广教学成果在相关行业领域的应用。

另外，在社会培训方面，实践教学基地也大有可为。根据科学技术的新发展、新职业岗位的需求和学生就业岗位的变化，开发新的职业技术技能培训项目和培训内容。通过省培、国培或者外校老师挂职锻炼等多种方式，将基地建设的成果向全国推广；依托基地资源，实施 1 + X 证书试点工作，为行业提供更精准的人才培养服务。

总之，学校和企业应共同协作，挖掘基地的外延功能，建设集实践教学、企业真实生产和社会技术服务于一体的高水平、专业化产教融合实践教学基地。

5.2.3 基地建设优秀案例分享

5.2.3.1 某校金融专业与中国银行共建实践教学基地案例

（1）基地总体情况介绍。

该教学基地由某高职院校的省级示范专业——金融管理专业牵头，与当地的中国银行市级支行及其下属分支机构共同设立。双方自 2010 年开始建立合作关系，对基地进行了多年的持续投入与建设，并在 2019 年通过省级教育部门验收，成为省级教育质量工程的示范性项目。

合作银行在当地有 33 个三级支行、5 个职能部门，组织机构健全，所经营的业务和承担的职能与金融管理专业对口。银行 5 个部门的主管人员担任企业专家，每个三级支行选派 1 人作为网点负责人，形成基地管理团队。

在实践教学安排方面，合作银行长期参与金融专业的实践教学环节，能够为学生提供实践机会以及在实践教学过程中需要使用的设备、材料，是金融专业多门一体化核心课程的实践教学，以及各项实践学习和实习的重要支持平台。

表 5.3　银行教学基地实践教学安排

实践教学环节	基地实践安排	可接纳学生最大数量
一体化课程	银行公司部、个人金融部主管及各网点业务骨干进校授课	每批次 50 人 每年 300 人次 （进校授课）
教学企业项目	银行提供银行卡、网上银行、理财产品等进入课堂，供学生进行实践教学操作学习	每批次 50 人 每年 400 人次 （进校授课）
企业参观	银行提供支行总部大楼营业部、3 楼整层培训大厅，以及邻近学校周边网点供学生参观	每批次 50 人 每年 300 人次
暑期实习	每个暑假提供 30 人次实习岗位让金融专业学生前往实习	每批次 30 人 每年 60 人次
顶岗实习	银行提供 33 个三级支行，5 个总行管理部门，每批次 50 个岗位，每年 4 批次的顶岗实习岗位	每批次 50 人 每年 200 人次

（2）省级基地建设思路。

在原有合作的基础上，将中国银行教学基地建设为省级示范项目，其基本思路是：以校企合作为基础，以学生顶岗实习管理、实践教学课程建设以及师资队伍培训为三个重要抓手，将该基地建成能满足金融专业人才培养的教学需求，并具有一定社会服务功能及辐射效应的实践教学平台。

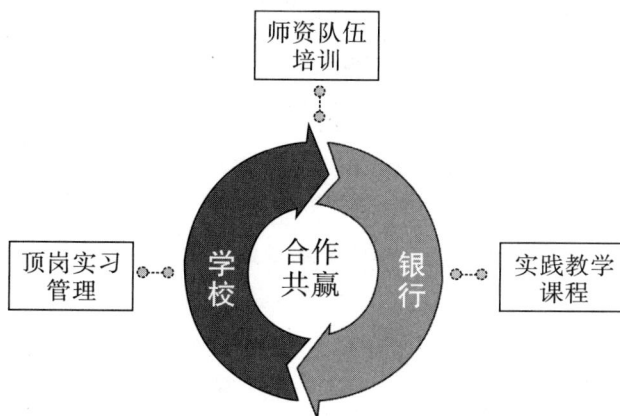

图 5.17　银行教学基地建设思路示意图

顶岗实习是基地提供实践教学的主要形式，建设重点是探索一种既能满足企业用人需求，又能保证正常教学秩序的新型的顶岗实习管理模式。实践教学课程包括对原有合作课程的优化，以及开发新的共建课程和实习配套课程，真正将学生的"实践"与"教学"过程进行规范整合。通过对校内教师和企业导师的培训，让所有参与实践教学的教师明确教学目标，最大限度地发挥实践教学基地的作用。

（3）基地组织管理体系。

①建立基地领导小组。

由学校和企业共同成立以系主任为组长，银行行长为副组长，各专业负责人、银行各部门主管为小组成员的校外实践教学基地领导小组，全面负责校外实践教学基地建设、日常运行等工作，逐步形成一套校外实践教学基地的管理架构。领导小组每年定期召开工作会议，商定当年的教学计划安排，并计划到基地进行巡查，定期报告实践教学基地运行情况。

②聘用校企合作项目经理。

校企合作项目经理是一个创新性的工作岗位，从学校专任教师中聘用，其主要职责是全程参与所在专业的校外实践教学基地建设，与合作企业共同拟订学生实习计划并制定考核标准，对所有参加社会实践及校外顶岗实习的学生进行考核。项目经理一经聘用即减免相应的校内教学工作量，专职负责校企合作日常工作。

③明确校企双方的职责。

在银行实践教学基地的日常管理过程中采用校企双向管理的方式，双方具体的职责和任务如表5.4所示。

表5.4　银行教学基地校企双方职责

职责	学校（共建专业）	企业（合作银行）
基地环境建设	制订总体规划方案，完善管理制度	保证基地软硬件条件达标，形成良好实践环境，与真实工作场景相符
教学管理	共同完成教学设计、教学实施、教学管控、教学评价	
教师团队管理	聘用项目经理，负责基地日常管理	选派一线业务骨干作为兼职指导教师，并保持人员相对稳定
学生管理	做好学生的组织安排工作，妥善处理应急事件	进行安全和纪律教育、食宿交通安排、购买保险、报酬发放

④制定基地管理办法。

以省教育部门和学校相关文件思想为指导，结合银行实践教学基地的具体情况和特点，制定出一套较为完善和全面的管理办法，在实践教学基地管理制度中，顶岗实习管理制度包含内容较多，对此进行了细分处理。

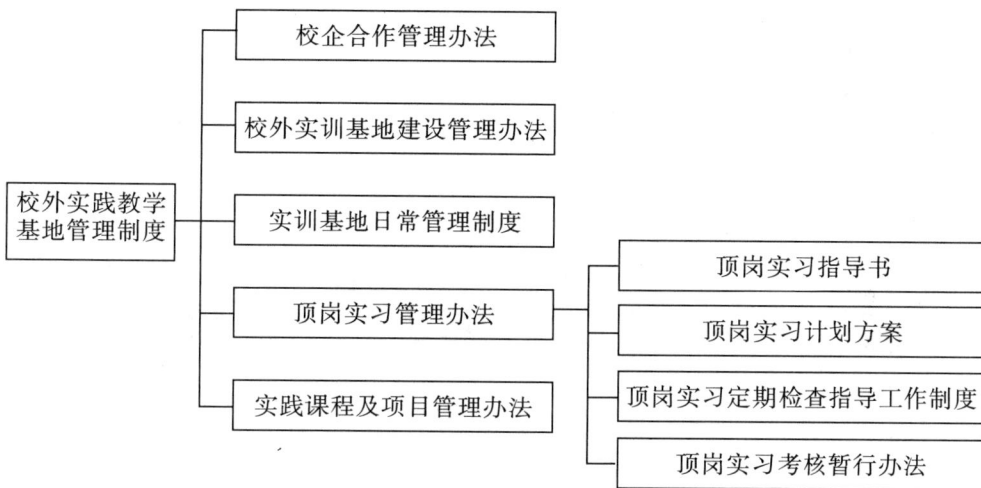

图 5.18　银行教学基地管理制度体系

（4）实践教学管理。

①校外实践课程建设。

一方面，在金融专业已有课程的基础上，增设或调整 1~2 门校外实践课程，将授课地点放在银行实践教学基地，并通过与基地共同设计教学计划、配置师资完成课程教学，使学生在实习的过程中完成相应的实践课程。校外实践课程的主要授课内容可以包括金融礼仪、客户经理、银行网点运营管理、金融营销、客户沟通等。另一方面，进一步拓展校外实践课程，将中国银行基地的校外课程参照省级精品资源共享课的标准进行建设，并以此为依托，建成校级以上精品资源共享课程 1~2 门。

②优化学生实习安排。

该学校的金融专业学生在以往的实习中暴露出两个方面的问题：一是实习时间安排在第六学期，即学生的毕业前夕，由于银行提供给高职学生的就业岗位相对较少，导致很多实习学生不能全心投入，甚至因为求职离开实习岗位；二是银行的实习岗位对学生的需求具有连续性，而可同时容纳学生的数量有限，出现了岗位需求和学生供给不匹配的现象。这些情况都不利于学生职业能力的培养以及银行的工作安排。

鉴于以上问题，该银行实践教学基地在对学生的实习安排上作出了优化调整，一方面将原来集中在第 6 学期 16 周的顶岗实习分拆成两段：第一段是第 4 学期提供 9 周的基地集中顶岗实习，第二段是第 6 学期面向就业的 7 周顶岗实习。另一方面，安排学生分班分批次到基地实习，前后批之间相互衔接，同时对应调整校内的课程安排。

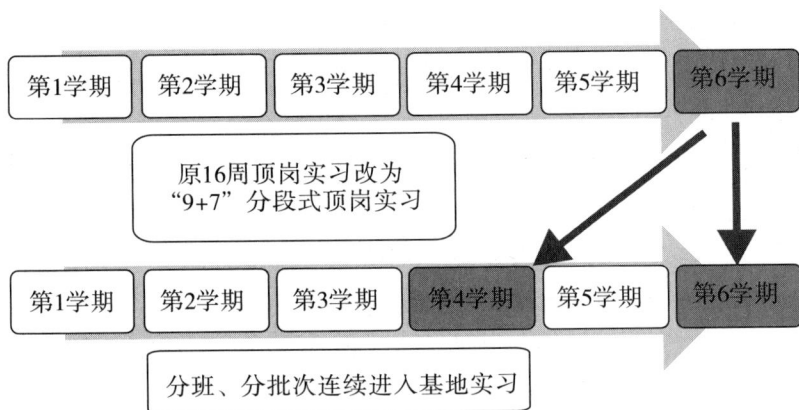

图 5.19　优化后的实习安排

③实践教学内容。

该基地的实践教学内容主要包括：

第一，创新校企合作机制体制。基地建设与金融专业群内各专业人才培养方案相配套，共同研究制订具有一定弹性的人才培养方案，探索分段式集中顶岗实习的管理模式。

第二，接受学生顶岗实习。基地每年可接受实习生 200 人次，每人次实习时间在 2 ~ 3 个月，实习期间均享受银行正式实习生待遇。

第三，在银行选拔、培养 5 ~ 10 名业务骨干作为校外兼职教师，配合校内专任教师，在银行完成顶岗实习期间安排的配套专业课程。

第四，建立项目经理管理制度，在校内选拔、培养 4 ~ 6 名专任教师作为校企合作项目经理，接受校外实践教学基地的专业培训，并完成校企合作、校外授课等工作。

第五，校企合作开发 1 ~ 2 门校外实践配套课程，完成课程资源库的建设。

第六，接受学生参观。每年安排低年级的学生参观，参观的内容包括观摩银行柜台业务、银行大堂业务、保险柜业务及授信业务等；在参观的过程中，学生可以体会到在金融企业工作的氛围，第一时间对各类金融产品有感性认识。

第七，为学生提供专业技能培训。安排中高年级的学生接受专业培训，具体培训内容包括银行理财产品知识讲座、基金投资讲座、外汇投资分析讲座、黄金投资分析讲座等。这些培训的主讲教师全部由中国银行实习基地的专业讲师或客户经理担任，所有培训资料均为企业内部资料。培训地点既包括中国银行实习基地会议室或培训室，也包括校内实训室或项目中心。

（5）扩大社会服务功能。

①建立开放共享机制。

由实践教学基地领导小组指派专人负责基地对外开放与共享。首先，健全相关管理制度，制定《实践教学基地对外开放管理办法》，加强基地对外开放共享管理，保障实践教学基地内学生的正常学习与生活。

其次，实践教学基地除承担共建专业学生的校外实践教学任务外，还应向其他高校开放，做到师资、课程、实践场地等教学资源共享。考虑到中国银行每年的实习生需求远远大于共建专业可以提供的实习学生人数，在基地完全建成后，除满足本专业群学生需求外，还可以通过学院网站定期发布基地运行情况，并协助兄弟院校结合自身情况和银行基地的实际需求，适当调整校外实践教学模式，安排相关专业学生赴基地参观、实习。

②打造"产学研"交流平台。

在现有金融专业群教学资源库的基础上，增加实践教学基地实践项目及内容，将其提升为融案例分析、技能培训、业务展示等多个功能模块的网络平台，向校内外不能进入基地学习的学生开放，以满足他们实践教学的需要。

在完成基地教学任务的同时，一方面通过校企双方共同面向社会公众开展金融咨询、调研等活动，增强基地的社会服务功能。另一方面，学校可依托银行基地申报各类科研、专业及课程建设项目，提升基地的整体科研水平。

5.2.3.2 某校物流管理专业与顺丰速运共建实践教学基地案例

（1）基地总体情况介绍。

顺丰速运有限公司是国内最大的综合物流服务商，本案例中的共建院校与当地的顺丰速运分公司建立了良好的校企合作关系。合作企业主要经营业务相关的关键岗位群包括仓管员、物流客户服务专员、（总）经理助理等，与物流管理专业人才培养定位一致。在基地建设过程中，校企双方开展了顶岗实习、共享师资、合作开发教材、共同开发课程、企业员工培训、创新创业项目等全面而深入的合作，获得了较好的成效，也被评为了省级示范教学基地。

（2）子项目建设任务分解。

该基地在建设省级示范教学基地的过程中，于前期建设基础上，设置了子项目建设的任务，包括师资团队建设、课程建设、教材建设、顶岗实习和创新创业项目，具体任务情况见表5.5。

表5.5　顺丰教学基地子项目建设任务

子项目名称	建设任务	预期目标
师资团队建设	扩充企业兼职教师队伍	挑选并培养顺丰企业兼职教师11人
	培养企业骨干教师	通过参与人才培养方案的修订、课程和教材建设、参加校企教师培训等活动，培养企业骨干教师4人
	共建专业的校内教师培训计划	每位教师至少参加培训一次，或为企业培训员工一次
课程建设	"企业物流管理运营项目"课程建设	"企业物流管理运营项目"建成校级精品资源共享课程，并积极申报更高课程级别
	"储配物流业务运作与管理"课程建设	"储配物流业务运作与管理"建成校级精品资源共享课程
教材建设	《企业物流管理运营项目》教材建设	《企业物流管理运营项目》建成校本教材并正式出版
	《储配物流业务运作与管理》教材建设	《储配物流业务运作与管理》建成校本教材并正式出版
顶岗实习	增加参加顶岗实习学生人数，提高实习结束后的留岗学生比例	增加顺丰速运校外实践教学基地对学生的吸引力。每期参加顶岗实习学生人数增加至约50人，提高实习结束后的留岗学生比例
创新创业项目	创新创业项目孵化	依托校外实践教学基地，吸引更多的学生积极申报创新创业项目，并对优秀项目进行孵化

（3）建设成果与佐证材料。

顺丰速运实践教学基地对照基地建设任务，在建设期结束后，总结建设成果并提供相应的佐证（如表5.6所示），保质保量地完成了各项建设任务。

表 5.6 顺丰教学基地建设成果与佐证材料

建设任务	建设成果	佐证材料
扩充企业兼职教师队伍	企业兼职教师增加为 14 人，由企业中高层管理者组成	兼职教师聘用合同、授课资料
培养企业骨干教师	企业专职讲师 4 人，为共建专业的骨干兼职教师	骨干教师聘用合同、授课资料
共建专业的校内教师培训计划	每位专任教师参加企业项目/为企业员工培训至少一次	培训通知及现场照片
"企业物流管理运营项目"课程建设	专业带头人主持的"企业物流管理运营项目"建成校级精品资源共享课程	课程立项证明、课程资源网站
"储配物流业务运作与管理"课程建设	专任老师主持的"储配物流业务运作与管理"建成校级精品资源共享课程	课程立项证明、课程资源网站
《企业物流管理运营项目》教材建设	校企合作开发校本教材《企业物流管理运营项目》出版并已经用于教学	已出版的教材样书
《储配物流业务运作与管理》教材建设	校企合作开发校本教材《储配物流业务运作与管理》出版并已经用于教学	已出版的教材样书
增加参加顶岗实习学生人数，提高实习结束后的留岗学生比例	每期参加顶岗实习学生人数增加至约 45 人，实习结束后的留岗学生比例有所提升	顶岗实习协议、学生名单、实习现场照片等；录取学生聘用合同、学生名单
创新创业项目孵化	基地工作室获得省质量工程创新创业训练项目立项；学生获全国"互联网＋快递"创新创业比赛奖项两项	省质量工程创新创业训练项目立项证明；全国"互联网＋快递"创新创业比赛奖状
新增成果：社会服务	与当地兄弟院校共享顺丰实践教学基地；对贵州、新疆物流管理专业教师进行帮扶培训	校外实践教学基地共享协议；帮扶培训的培养方案、培训通知及现场照片

6

结语与展望

结　语

　　作为一名人民教师，提高教学能力始终是提高业务能力的关键。个人认为，教学能力的提高可归纳为四个主要的方面：科研能力、课堂教学能力、带赛能力和校企建设能力。本书正是基于这四个能力作为主线而展开论述：

　　科研能力方面，如何进行课题研究以及将研究成果发表在核心期刊是老师科研能力的关键。本书第一章介绍如何进行学术研究，以及如何让自己的研究成果更容易被核心期刊收录。第二章则介绍怎样带领学生一起做好课题研究，以我国最高级别的课题国家社科基金项目申报书的写作作为主线，介绍课题申报的一些经验和技巧。

　　课堂教学能力方面，针对课堂教学普遍存在"老师满堂灌，学生学习兴趣低"的现象，本书第三章详细介绍一种被实践所证明的良好教学方法"任务式课程教学"。该教学方法融合了多种类型的教学技巧，能很大程度上激发学生自身的学习动力，而不再被动地接受知识。

　　带赛能力方面，胜负心是人与生俱来的本性。若能正确利用人性这一特点，将其应用在教学的过程中，能够极大程度地促进学生"学、练、干"，老师也能够从比赛中激发自身的教学潜能。本书第四章详细介绍高职教育三大类经典比赛（学生专业技能比赛、学生创新创业比赛和教师教学能力比赛）的经验之道，以帮助师生更好地运用比赛实现知识学习和职业发展。

　　校企建设能力方面，为了让学生所学的知识更有效地回报社会和服务社会，校企合作是理论结合实践的重要举措之一。本书第五章详细介绍大学生校外实践教学基地的建设经验和经典案例。此外，专科教育的 1 + X 证书也是职业教育探索理论联系实践的一个试验田，此章也给予了详细的介绍。

6.2 回顾与展望

回首往事，从小学到博士研究生毕业，接着又教书育人至今，笔者与学校有着不解之缘。回顾新中国的教育史，可以发现我国的国民教育在曲折中前进。

新中国成立初期，我国的高等教育主要是复制苏联模式，我国也从此开始探索教育改革之路，全国各大高等院校实现文理分家，文理分科的现象极为鲜明。

在 1977 年以前，我国高等教育的生源选拔并非采用考试制，淡化课堂教育，考入大学不看分数高低，看上去好像实现了无产阶级或民众内部的平等，实际上不以分数论高低就会造成更大程度上的社会不公，当时进入大学很大程度上依靠个人家庭的背景因素。这一现象直到 1977 年恢复高考，才得到极大程度上的缓解，不少穷苦家庭的孩子努力念书，在高考中取得好分数进入好大学，从此改变贫困一生的悲剧。高考像是一座独木桥，但它更是穷苦家庭摆脱贫困命运的最为公平和现实的渠道。

之后新中国也进行了一系列的高等教育体制改革探索，比如 2000 年前后的高校合并等，其中最为突出的是"教育产业化"理念的提出。"教育产业化"的初衷是引导民间资本投入到教育业，发动广泛的社会资本建设更多的教育设施从而普遍提高国民的教育水平，将更多的社会资源引导到教育的层面，充分享受国民素质因教育而普遍提高的社会福利。不过后来教育产业化的问题也逐渐浮现，教育的支出成为压在老百姓身上的"三座大山"之一，显然将教育与企业盈利相结合，确实违背了教育公益性的原则。

2021 年 7 月，党和国家为破除制约教育事业发展的体制机制障碍，制定颁发了新的《教育法》，并印发下达了多个政策文件，如《关于进一步减轻义务教育阶段学生作业负担和校外培训负担的意见》，明确"坚持从严治理，全面规范校外培训行为；各地不再审批新的面向义务教育阶段学生的学科类校外培训机构，现有学科类培训机构统一登记为非营利性机构，线上学科类机构改为审批制，学科类培训机构一律不得上市融资，严禁资本化运作，对非学科类培训机构分类制定标准、严格审批；规范培训服务行为，建立培训内容备案与监督制度，校外培训机构不得占用国家法定节假日、休息日及寒暑假期组织学科类培训"，其目标是让教育告别产业化，重新回归到公益性的本质。

与此同时，教育部还根据社会发展的需要，进一步打破职业教育比高等教育低人一等的教育现象，实现大学与职院并举发展的目标。国务院学位委员会发布《关于做好本科层次职业学校学士学位授权与授予工作的意见》，要求坚持职业本科与普通本科两种类型、不同特色、同等质量，将职业本科纳入现有学士学位工作体系，按学科门类授予学士学位。发展职业本科，就是把职业教育办成与普通教育平等的类型教育的重要举措。职业本科要坚持职业教育定位，不能以学历为导向，而是必须以就业为导向培养高素质技能人才，让职业教育得到更广泛的认可。

教育作为牵动我国万千家庭的头等大事，自然会受到社会各界的普遍关注，在发展的过程中难免会遇到挫折。不过幸运的是，有党和国家日臻完善的顶层设计，再汲取过去发展中遇到的经验教训，民众若能认真贯彻落实党制定的各项政策措施，继续深化我国教育体制机制的改革，相信实现教育强国的目标指日可待。

参考文献

[1] 曾卉，等. 广州番禺职业技术学院中国银行实践教学基地验收报告 [R].
广州：广州番禺职业技术学院，2019.

[2] 城市轨道交通车辆维护和保养职业技能等级标准：500019 [S]. 郑州：郑
州捷安高科股份有限公司，2021.

[3] 曾天山，陈斌，苏敏. 以高水平赛事促进"岗课赛证"综合育人——基于
2021 年全国职业院校技能大赛分析 [J]. 中国职业技术教育，2021 (29).

[4] 曾天山，陈永，房风文. 全国职业院校技能大赛教学能力比赛历程与展望
[J]. 中国职业技术教育，2022 (11).

[5] 陈新华，胡宇晴，曾红艳，等. 2008—2020 年高校中文学术期刊论文数量变
化趋势及其原因分析 [J]. 科技与出版，2021 (8).

[6] 陈雅. 基于混合式学习的任务驱动式教学 [J]. 中国成人教育，2017
(2).

[7] 程宇. "国赛"十年：将职业教育改革进行到底 [J]. 职业技术教育，
2017，38 (18).

[8] 单耀军，张小升. 论高校大学生科技创新教育的问题及对策——从全国大学
生"挑战杯"竞赛看高校科技创新教育的新发展 [J]. 教学研究，2008
(2).

[9] 曾志伟. 从小课题研究入手，提升教师教研能力 [J]. 人民教育，2018
(Z2).

[10] 董超群，符丽燕，高晨晨，等. 任务驱动的参与体验教学对护生老年护理
态度及择业动机的影响 [J]. 护理学杂志，2022，37 (5).

[11] 杜娟，李兆君，郭丽文. 促进深度学习的信息化教学设计的策略研究
[J]. 电化教育研究，2013，34 (10).

[12] 窦凯，等. 广州数控设备有限公司先进设计与制造类专业群校外实践教学
基地项目申报表 [Z]. 广州：广州番禺职业技术学院，2015.

[13] 杜若鹏，寇远涛，朱亮. 基于近 20 年中文核心期刊文献计量的番茄研究主
题与热点分析 [J]. 中国蔬菜，2020 (11).

[14] 邓诗棋. 全国职业院校技能大赛中职组手工制茶赛项在五峰开赛 [EB/OL].

五峰融媒体中心, 2021 - 06 - 23.

[15] 丁云华, 沈红. 内在驱动还是外部驱使? 高校教师科研产出及其影响机制分析 [J]. 复旦教育论坛, 2022 (20).

[16] 郭焕萍, 洪亮, 刘源. 运用混合教学开展任务驱动式教学项目的研究 [J]. 黑龙江高教研究, 2017 (10).

[17] 龚雪. "1 + X 证书" 让最新技术融入高职课堂 [N]. 湖北日报, 2020 - 07 - 28.

[18] 何林, 王涛. 任务驱动模式在药物化学课堂内外教学中的应用 [J]. 化学教育 (中英文), 2018, 39 (12).

[19] 胡雷. 基于翻转课堂的高职项目教学模式构建与应用 [J]. 职业技术教育, 2015, 36 (29).

[20] 胡明国. 大数据时代下客户立体画像在银行业应用研究 [J]. 中国城市金融, 2016 (1).

[21] 郝天晓. 全国职业院校技能大赛提升人才培养质量的现状及对策 [J]. 职业技术教育, 2019, 40 (14).

[22] 胡晔. 在问题解决中提升信息素养——问题解决视角下 VB 程序的项目式教学探究 [J]. 基础教育课程, 2019 (Z1).

[23] 胡子瑜, 等. 广州顺丰速运有限公司物流管理专业校外实践教学基地验收报告 [R]. 广州: 广州番禺职业技术学院, 2019.

[24] 卢爱国, 肖地楚. 1993—2013: 城市基层党建研究文献的统计分析 [J]. 理论与改革, 2014 (4).

[25] 罗晨, 魏巍. 提高大学生创业融资能力的关键工具——商业计划书的编写 [J]. 中国高新技术企业, 2013 (4).

[26] 吕冬霞, 张涛, 刘爽, 等. 多种教学法在细胞培养教学中的应用 [J]. 生命的化学, 2018, 38 (5).

[27] 刘大勇. 中小学开展课题研究须提升课题研讨实效性 [J]. 中国教育学刊, 2019 (6).

[28] 刘锋. 项目式教学的实施策略 [J]. 思想政治课教学, 2019 (4).

[29] 李逢庆. 混合式教学的理论基础与教学设计 [J]. 现代教育技术, 2016, 26 (9).

[30] 李刚. 武汉大学遥感信息工程国家级实验教学示范中心创新型实验教学改革 [J]. 测绘通报, 2017 (8).

[31] 李国成, 寿伟义. 1 + X 证书制度背景下职业院校教师专业发展面临的挑战与应对 [J]. 河北职业教育, 2020, 4 (1): 106 - 108.

[32] 李辉，邹承俊．计算思维视野下大学计算机基础课程"任务驱动式"教学模式研究与实践 [J]．黑龙江畜牧兽医，2016（6）.

[33] 梁骥．共建生产型实践教学基地——职业教育产教融合模式研究 [J]．中国职业技术教育，2019（11）.

[34] 刘金海．村民自治研究文献的统计分析——以1989—2006年CNKI篇名含"村民自治"的文献为分析对象 [J]．政治学研究，2008（1）.

[35] 吕景泉，吴淑媛，汤晓华．技能大赛：引领职业教育教学改革发展走向新高度 [J]．中国职业技术教育，2017（16）.

[36] 卢魁，等．对话教学能力比赛一等奖获奖团队教师，重温披荆斩棘的参赛历程 [Z/OL]．职教之音，2022 – 03 – 16.

[37] 林琳，张旺．校本化小课题研究的四个基点 [J]．教学与管理，2020（31）.

[38] 刘林山．学习者视角下1 + X证书制度实施的意义、困境与引导策略 [J]．教育与职业，2021（6）.

[39] 李平，倪岗．基于情境任务的台阶式写作教学设计 [J]．语文建设，2020（17）.

[40] 李寿冰．高职院校开展1 + X证书制度试点工作的思考 [J]．中国职业技术教育，2019（10）.

[41] 罗书嵘．经济开放对福建省财政农业支出规模变动及效应的影响研究 [M]．广州：暨南大学出版社，2021.

[42] 老踏．发论文、拿项目，其实很简单 [M]．北京：北京联合出版公司，2021.

[43] 李同吉，金星霖．中职新进教师任务引领式教案的实施情况分析 [J]．职业技术教育，2020，41（14）.

[44] 李腾龙．大学生参加创新创业类比赛的培训指导研究——以"互联网 +"大学生创新创业大赛为例 [J]．现代商贸工业，2019，40（25）.

[45] 刘晓东．优化高三试题讲评课的任务型教学策略研究 [J]．地理教学，2020（3）.

[46] 梁小帆，赵冬梅，庞元博．现代教学理念视域下的高效课堂教学探析 [J]．教学与管理，2018（30）.

[47] 柳晓夫．"互联网 +"大学生创新创业大赛的思考与探索 [J]．广东交通职业技术学院学报，2015，14（4）.

[48] 李小强．小课题研究应具备三个意识 [J]．中国教育学刊，2018（6）.

[49] 李晓彤，杨红艳．学术评价中"核心期刊"应适用有度——基于核心与非

核心期刊优秀论文质量对比分析［J］. 情报杂志，2021，40（6）.

［50］刘怡，任姬. 任务驱动在"工具酶的发现和基因工程的诞生"教学中的探索［J］. 生物学教学，2015，40（11）.

［51］刘瑜，韩庆龙，吕洁. 以培养自主学习能力为目标的阶梯任务驱动教学法在程序设计课程中的应用［J］. 计算机工程与科学，2016，38（S1）.

［52］刘宇，魏峰，杜云飞. 重复发表与学术失范：以经济管理学科为例［J］. 清华大学学报（哲学社会科学版），2020，35（6）.

［53］李运花. 区域学科课题研究的路径探究［J］. 教学与管理，2020（10）.

［54］李亚员. 大学生创新创业教育的目标、原则及路径优化［J］. 思想理论教育，2015（10）.

［55］李政. 职业教育1+X证书制度：背景、定位与试点策略——《国家职业教育改革实施方案》解读［J］. 职教通讯，2019（3）.

［56］李忠，高波，康灿. 新工科背景下卓越工程人才实践教学改革探索［J］. 高等工程教育研究，2019（S1）.

［57］闵慧. 素养导向下的真实任务情境设计［J］. 语文建设，2022（8）.

［58］马骏，张琦，张俭鸽. 基于任务驱动的C语言课程教学设计［J］. 计算机工程与科学，2016，38（S1）.

［59］无人机驾驶职业技能等级标准：460004［S］. 北京：北京优云智翔航空科技有限公司，2021.

［60］潘虹旭. 第七届中国国际"互联网+"大学生创新创业大赛总决赛10月12日开幕［EB/OL］. 央视新闻网，2021-10-09.

［61］邱小燕，肖雄. 论教学竞赛对提升青年教师教学能力的重要性［J］. 西南师范大学学报（自然科学版），2019，44（5）.

［62］任建青. 浅谈小课题研究在教师专业成长中的实践［J］. 教育理论与实践，2018，38（23）.

［63］任瑞庆. 基于小课题研究视域的课题实践课的实践与思考［J］. 教育理论与实践，2018，38（32）.

［64］人身保险理赔职业技能等级标准：530014［S］. 北京：中保教育咨询（北京）有限公司，2021.

［65］芮志彬，等. 回顾与展望：全国职业院校技能大赛发展研究［J］. 中国职业技术教育，2018（16）.

［66］沈爱凤，韩学芹. 职业教育中"任务驱动式"教学模式的探讨与应用［J］. 职教论坛，2016（2）.

［67］莎日娜，王庆，薛梅，等. 以全国职业院校护理技能大赛引领护理专业教

学改革探析［J］. 职业技术教育，2013，34（20）.

［68］唐未兵，温辉，彭建平. "产教融合"理念下的协同育人机制建设［J］. 中国高等教育，2018（8）.

［69］唐雁峰，刘云清，吕超. 实验室任务驱动式课程设计教学模式探索与实践——评《教育教学改革探索与实践》［J］. 热带作物学报，2021，42（4）.

［70］谭永平. 职业教育教改课题申报与实施存在的问题及对策研究［J］. 中国职业技术教育，2018（1）.

［71］伍国杰. 全国职业院校技能大赛教学能力比赛备赛思路与技巧［J］. 职业，2020（31）.

［72］王瑞娟，印志鸿. 基于微课的翻转课堂在任务驱动式实践教学中的应用［J］. 现代教育管理，2017（12）.

［73］吴婷. 第七届中国国际"互联网＋"大学生创新创业大赛在南昌大学成功举办，冠亚季军最终揭晓［EB/OL］. 环球网，2021－10－15.

［74］王祥兵. 货币政策传导系统复杂性及演化研究［M］. 北京：中国财政经济出版社，2020.

［75］王习明. 村治研究的发展轨迹、学术贡献与动力机制——基于1998—2009年CSSCI检索论文的研究［J］. 甘肃行政学院学报，2011（5）.

［76］王小梅，周详，李璐，等.2019年全国高校高职教育科研论文统计分析——基于18家教育类中文核心期刊的发文统计［J］. 中国高教研究，2020（12）.

［77］王晓勇. 以"1＋X"助力智能制造人才培养——南京工业职业技术大学"1＋X"证书制度探索与实践［N］. 中国教育报，2021－06－15.

［78］王亚盛，赵林.1＋X证书制度与书证融通实施方法探索［J］. 中国职业技术教育，2020（6）.

［79］王扬南.2021年全国职业院校技能大赛教学能力比赛述评［J］. 中国职业技术教育，2022（5）.

［80］王彦新. 全国职业院校技能大赛高职组"飞机发动机拆装调试与维修"赛项比赛［EB/OL］. 中国现代职业教育网，2015－06－26.

［81］吴远征，倪杰. 应用型本科院校实践教学管理体系的构建［J］. 中国职业技术教育，2019（32）.

［82］叶鹏. 有效课堂的建设与认证［M］. 北京：高等教育出版社，2020.

［83］谢莹苹，刘嫄.2021年全国"飞机发动机拆装调试与维修"赛项在我院开赛［J］. 长沙航空职业技术学院学报，2021，21（3）.

［84］原磊. 国外商业模式理论研究评介［J］. 外国经济与管理，2007（10）.

［85］ 严灵剑．基于任务的探究式教学在高中生物学教学中的实践［J］．生物学教学，2017，42（11）．

［86］ 杨巧玉，等．教学能力比赛促进职业院校教学改革的实践与反思［J］．电化教育研究，2022，43（3）．

［87］ 杨淑枝．全国职业院校技能大赛教学能力比赛获奖统计及特征分析——基于2012—2020年大赛高职组数据［J］．职业技术，2022，21（6）．

［88］ 杨天地，张宏．医学专业大学英语主题式任务型教学策略应用研究［J］．电影评介，2015（4）．

［89］ 余闻婧．研究问题的表达之道——基于417份中小学教师课题申报书的分析［J］．教育发展研究，2021，41（4）．

［90］ 尹翔，郜芙蓉．大学生创新创业人才培养体系构建［J］．中国高校科技，2015（3）．

［91］ 苑迅，郭辉，秦昌明．地方高校应用型人才培养与实践教学体系构建的探索与实践［J］．实验技术与管理，2011，28（8）．

［92］ 于歆杰．以学生为中心的教与学——利用慕课资源实施翻转课堂的实践［M］．北京：高等教育出版社，2015.

［93］ 杨勇军．高中英语阅读教学"分层导引"模式探究［J］．教学与管理，2017（13）．

［94］ 杨智越．北大荒集团"1＋X"家庭农场畜禽养殖职业技能等级证书首期全国师资培训开班［Z/OL］．微观北大荒，2021－06－25.

［95］ 赵慧敏．物流管理课程"任务驱动式"教学法探索［J］．中国教育学刊，2015（S2）．

［96］ 张今朝，朱海燕，胡红生．校企深度合作的实践教学基地构建与研究［J］．实验室研究与探索，2015，34（5）．

［97］ 张坤香．基于教师专业成长的微课题研究［J］．教育理论与实践，2018，38（20）．

［98］ 张丽，裴学进．近20年思想政治教育学科研究概况与特征探要——基于CNKI的中文核心期刊与CSSCI论文的词频分析［J］．思想教育研究，2020（11）：27－32.

［99］ 张玲，李丽，蒋红，等．以授课为基础的教学任务式教学及微课导学法在《动物药理学》中联合应用的探讨［J］．中国兽医杂志，2018，54（3）．

［100］ 张楠．立德树人视域下的思想政治教育——评《新媒体时代思政教育互动式教学实践探索》［J］．中国教育学刊，2021（7）．

［101］ 赵献芹．现代教育中"任务驱动式"教学模式的实用［J］．中国成人教

育，2014（23）.

[102] 朱素阳. 大学生创新创业大赛商业计划书设计关键技术研究 [J]. 文化创新比较研究，2019，3（34）.

[103] 张婷. 物理化学教学中任务驱动模式的应用及任务分析 [J]. 化学教育，2017，38（4）.

[104] 张笑. 用微博开展任务驱动式教学的意义及方法 [J]. 青年记者，2015（20）.

[105] 张西昌. 高校课题研究生态的"隐痛" [J]. 美术观察，2018（8）.

[106] 周锡平. 用"心"做好课题研究 [J]. 中学政治教学参考，2020（32）.

[107] 张宇. 语言学视角下的国内外情感研究现状与趋势分析（2011—2020）[J]. 外国语（上海外国语大学学报），2022，45（1）.